本书系西藏自治区教育科学"十三五"规划课题"内地西藏
'群体式'班级自主管理模式的实践研究"（XZJKY201603(

吴晓云 / 著

教育无痕有心

建班育人智慧及班主任成长探索

东北师范大学出版社

长 春

图书在版编目（CIP）数据

教育无痕有心：建班育人智慧及班主任成长探索 /
吴晓云著. — 长春：东北师范大学出版社，2021.11
ISBN 978-7-5681-8603-2

Ⅰ.①教… Ⅱ.①吴… Ⅲ.①班主任工作 Ⅳ.
①G451.6

中国版本图书馆CIP数据核字（2021）第253311号

□责任编辑：石　斌　　　　　□封面设计：言之凿
□责任校对：刘彦妮　张小娅　□责任印制：许　冰

东北师范大学出版社出版发行
长春净月经济开发区金宝街 118 号（邮政编码：130117）
电话：0431-84568023
网址：http://www.nenup.com
北京言之凿文化发展有限公司设计部制版
北京政采印刷服务有限公司印装
北京市中关村科技园区通州园金桥科技产业基地环科中路 17 号（邮编：101102）
2022年4月第1版　2022年4月第1次印刷
幅面尺寸：170mm×240mm　印张：10　字数：150千

定价：45.00元

探寻"教育无痕有心"的育人价值

（代序）

吴晓云老师送来了准备出版的新书《教育无痕有心——建班育人智慧及班主任成长探索》，嘱我作序，让我有了提前阅读书稿，更多了解吴老师的机会。

吴晓云老师在上海市共康中学内地西藏班班主任岗位上坚守了20年，共带过九届内地西藏班，其中有五届还是中途接班，但所带的班级屡屡荣获"上海市红旗中队""上海市快乐中队""上海市优秀中队""民族团结进步先进集体"等荣誉称号。那么，她成功的诀窍在哪里呢？

做好班主任，必须了解学生，必须明确自己的责任，做内地西藏班的班主任更需如此。内地西藏班生源和学制的特殊性，决定了班级管理的复杂性。首先是年龄带来的问题，藏族学生小学毕业后还没有达到独立生活的年龄，就远离父母来到内地，开始长达三年的住宿制学习生活。年幼懵懂，独立生活，陌生环境，不同的学习节奏，都会给这些西藏孩子带来身心成长的焦虑与问题。所以，班主任更要成为教师、家长和朋友三重身份的角色；其次是民族习俗问题，独特的地理、历史、宗教、风俗形成了西藏民族独有的文化，给孩子留下烙印。在内地生活的过程中，保留民族文化的同时，如何实现文化适应，接受和包容多样文化，放眼看中国，放眼看世界；最后还有藏族学生独特的性格特点如何关注，远在千里之外家长的期盼与诉求如何回应等，都对如何做好内地西藏班班主任工作提出了异乎寻常的要求。对此，吴晓云老师用责任与执着做出了回应。

做好班主任，还需要面对真实问题，用科学的态度进行持续的探索。正如吴晓云老师所提到的那样，很多班主任都有着很强的责任感，每天早到晚走，但不放心班级，不放心学生，持续用"盯、管、跟"的方法管理学生，而一直被老师过度保护着的学生，就会缺少自理、自律、自学、自主等品质，一旦离开老师的视野，往往会过度释放自我，出现老师在与不在两个样的现象。也有不少班主任采用的管理方法是依赖少数班干部，带来的结果是管者劳心劳力，被管者内心不服，很难实现班级群体共同发展的目的。吴晓云老师正是在总结实践中遇到的问题和认真反思的基础上，于2015年开始了"群体式"班级自主管理模式的探索。她的主要经验就是把班级的各类事务分成类别，把班级的学生组织成对应的管理团队，职、责、权明确，每一个团队都对自己的管理事务尽心尽责，真正形成"人人有事做，事事有人做"的班级自主管理新样态。这样的管理方式经过几轮实践验证，证明了教育与管理成效，孩子们成了班集体的主人。这样的经验还通过报告会、结对活动等向其他学校和班级进行传播，取得了广泛好评。于是就有了这本"建班育人智慧及班主任成长探索"的经验集。这本书围绕的都是班级管理和班集体成长的真实问题，教育设计是真实的，所举案例是真实的，相信更多的班主任老师能从中读出感悟，读出启迪。

当然，做好班主任工作，最根本的是那份爱心。在和吴晓云老师的交流中，她讲到了一个非常有趣的故事：有一年的情人节，她所教的内地西藏班孩子们精心地为吴老师的先生准备了一束鲜花和一盒巧克力，提出了一个令人哭笑不得的要求，学生们说："我们代替吴老师把礼物送给您，但您得答应我们，在今天这样的日子里，让吴老师和我们一起过情人节。"在爱的包围中，这样的情景真的很美好。这是用心做教育结出的硕果，这就是书名"教育无痕有心"蕴涵着的真正的育人价值。

上海市教育学会副会长　苏 忱

"群体式"自主管理模式的有效实践
（自序）

藏族学生来内地读书的价值不仅仅在于内地的教学质量如何，更在于陌生环境中的体验感悟——新鲜、孤寂、无奈、奋起等，这些丰富的经历和体验，必将积淀成宝贵的人生阅历，使他们能力更加多元，生命更有张力。完成学业后，他们将很快成为行业骨干，社会发展的领军人物。

内地西藏班不仅是孩子们学习文化知识的地方，更是孩子们生活、交友、成长以及了解异地文化，适应和融入陌生环境的起点。在这个至关重要的阶段，在一个陌生的环境里，人与人之间如何交往、互助？在好奇心强的年龄段，如何抵制周围的各种诱惑？这需要学校、家长和老师的默契合作。这些问题的应对和处理过程就是孩子们的成长过程。

记得我访谈过一个即将毕业的学生，问他来内地学习最大的收获是什么。他说："我能够独立处理一些问题了。"环境的营造、建立和发展依赖于其核心价值、社会认同感。对孩子成长的价值判断绝不可以仅仅用分数或者高中是否被录取来衡量。如果把获得学业成绩当作来内地读书的唯一目的，就大大浪费了内地的教育资源。

如今，随着援藏力度的不断加大，西藏自治区的教育理念和办学条件都有很大改善，如果单单为了学业成绩，区内的学校能够满足这个需要，而且在区内走读，还有父母的天天照顾和日日督促。然而，了解内地文化，吸收先进思想，开阔眼界，拓宽思路，这些都是在内地住宿生活和学校、班级组织开展的活动中体验、思考、受挫、坚强中获得的。

一、内地西藏班为什么要开展班级自主管理

内地西藏班学生远离父母的陪伴和监管，常年住校。如果班级管理还停留在"盯、管、跟"的模式，那么无论班主任多么敬业奉献，都会出现对学生监管的盲点。一些有责任心的班主任为了把问题发生的可能性降到最小值，最大限度地延长陪伴学生的时间。这样的心理压力和劳动强度给内地西藏班班主任带来了职业倦怠。因此，班主任用工荒的现象在内地西藏班普遍存在。

当今社会的发展日新月异，培养能够适应未来社会发展的人，班主任必须有先进的教育理念和科学的教育方法。这需要班主任必须坚持学习，紧跟时代步伐。如果内地西藏班班主任整天纠缠在诸如教室卫生谁没打扫、晚自习谁在说笑打闹、广播操哪些学生动作不到位等琐琐碎碎的表面事务中，就忽略了这些表面现象背后的问题所在和对学生的心理关怀，更加没有时间和精力外出参加学习和培训。这样的班级管理理念和方式限制了班主任专业化发展，最终限制了学生发展。

既然学生们远离父母，就应该把缺少亲人包办替代的所谓不利条件转化为锻炼独立生活能力的优势条件，在老师的引导和同伴互助中养成自理、自律、自学、自主的良好品质，学会认知，学会合作，学会交往，学会自主发展。

基于上述思考，我们要把班级还给学生，指导学生自主管理班级。

二、怎样开展内地西藏班班级自主管理

有的班主任采用少数班干部管理班级的模式，在这种模式下，如果运气好，班级中有一个能力超强的"领头羊"型的学生，班级管理工作可能会开展得比较顺利。但是，这样的班级也存在隐患，这样的"领头羊"必须有正能量，否则对班级的负面影响也是极大的。

有的班主任尝试"人人有事做，事事有人做"的全员参与的民主管理模式。踏踏实实的学生不折不扣地在自己的岗位上尽职尽责，有的学生却不能独立完成岗位任务。

那么，内地西藏班班级自主管理到底要怎样开展呢？

我是2000年开始担任内地西藏班班主任工作，从2005年开始进行班级自主管理的班本实践探索，经历了"依赖少数班干部""人人有事做，事事有人做"等班级自主管理形式。

在"过于依赖少数班干部"的自主管理模式的实践中，开始的时候，班干部工作的积极性比较高，后来就会出现不肯管的现象。我分析了问题背后的原因：少数人管多数人会影响同学间的关系；班级的事务落在少数班干部肩上，事务繁重，认真投入地管理班级会影响班干部的学业；班干部工作中遇到困惑时，怕烙下"打小报告"的罪名，进而其会不愿跟班主任商量，不能得到及时帮助，久而久之会产生心理无助感。

在"人人有事做，事事有人做"的自主管理实践中，主要存在两方面的问题：因学生个体之间存在差异，尽管班主任费尽心思也很难为适合的人找到合适的班级岗位，很多学生是不能独立完成岗位任务的；另一方面，这种管理模式容易出现"各家自扫门前雪，不管他家瓦上霜"的现象。

在认真反思和总结实践中遇到的问题基础上，我于2009年开始班级"群体式"自主管理模式的班本实践。班级"群体式"自主管理模式继承了"人人有事做，事事有人做"的班级全员参与的理念，创新之处是把班级的个体管理整合成班级的群体管理。具体来说，就是把班级的琐碎事务分类整合成8大类（卫生、生活、学习、纪律、宿管、文艺、宣传、体育），把班级学生个体组合成8个群体（卫生部、生活部、学习部、纪律部、宿管部、文艺部、宣传部、体育部），每个群体承包一类事务。

这种管理模式的班本实验是为了干预和改善以下3个方面的问题：少数班干部不肯管的问题、班干部工作负担过重的问题和管理中遇到困难没人商量的问题。经过2009级和2015级两届学生的两轮实践，内地西藏班"群体式"班级自主管理模式基本成熟。

三、担任毕业年级和起始年级两个班的班主任，进行模式复制实践

2017年暑假过后，实验班进入初三，班级自主管理有条不紊地进行着，实

践效果令学校领导十分满意。

新生入学前，学校安排我接任2017级新生（6）班的班主任。也就是说，我同时兼任初三（6）班（毕业班）和初一（6）班（起始年级）两个班的班主任。一方面，我量力而为，觉得自己同时担任两个班的班主任力所能及；另一方面，为了加快班级"群体式"自主管理实践研究进程，可以在初一（6）班开展新一轮的实践，把初三（6）班的模式经验拷贝到初一（6）班，以此验证这种模式的可复制性。

复制实践到达了预期效果：领导和老师们都夸我的"二宝"——初一（6）班比"大宝"——初三（6）班还灵光！"大宝"点对点地把管理经验传授给"二宝"，还评价说"二宝"的执行力很强！

2018年，实验班初三（6）班毕业了。我护送实验班初一（6）班的孩子们回西藏过暑假。其间，在家长的支持和帮助下，我组织带领学生到我们的结对学校——西藏拉萨市堆龙德庆区中学开展"手拉手"活动，班级各部的部长详细介绍了我们的班级"群体式"自主管理模式。

在上海市师资培训中心的组织下，我于2018年6月到西藏日喀则上海实验学校为日喀则地区的德育教导和骨干班主任做了"基于学生核心素养的班级'群体式'自主管理模式"的报告，得到了与会领导和老师的一致认可。

如今，内地西藏班"群体式"自主管理模式经过了可操作性和可复制性的实践，效果令人满意。

目录
CONTENTS

"群体式"
班级自主管理模式之问题提出

内地西藏班自1985年开办以来，已走过了三十多年的办学历程，现已进入了由重数量向重质量转型的瓶颈期。面对新形势，我们必须站在"为谁培养人"和"培养怎样的人"的政治高度，用科学的、具有前瞻性的教育理念来重新深刻思考和积极探索"怎样培养人"的问题。

1984年，中央第二次西藏工作会议做出了全国各地支援西藏教育的决定。中共中央印发22号文件要求：在内地创建招收西藏学生的学校，开办西藏班，帮助西藏培养自觉维护祖国统一和民族团结的建设骨干，促进西藏改革开放、经济繁荣和事业发展。1985年，全国16个发达省市的西藏初中班同时开学，根据自愿报名、择优录取等原则，1300名十二三岁的藏族学生被选送到内地西藏班进行学习。此后，内地西藏班（初中）的招生人数不断扩大。如今，每年的招生人数达到2000多人。内地西藏班（初中）办学的特殊性决定了班级管理的艰巨性和复杂性。

一、内地西藏班（初中）办学的特殊性

内地西藏班作为我国特有的一种办学模式，其特殊性主要体现在以下方面：任务特殊、生源特殊和学制特殊。

1. 任务特殊

创办内地西藏班是党和国家制定的智力援藏的重要组成部分。内地西藏班肩负着为西藏的社会发展和经济建设培养可靠的建设骨干的历史使命，承担着为维护祖国统一和民族团结培养爱国公民的政治任务。

2. 生源特殊

内地西藏班（初中）的藏族学生是由西藏教育厅组织的西藏自治区全区范围内的"小学升初中"统一测试，每年以3%~5%的录取率，百里挑一，严格选送的。可以说，他们是西藏同龄孩子中的佼佼者，带着使命和责任来内地学习深造，必将成为引领未来西藏社会发展的主力军。

3. 学制特殊

内地西藏班（初中）学制三年。在这三年间，只有初一学年的暑期统一组织和安排学生返乡度假，其余时间常年住校。一群十二三岁的孩子每天同吃、同住，朝夕相处，集体环境对个体的影响以及同伴间相互影响的力量非常强大。亦师、亦友、亦父母的内地西藏班（初中）班主任一定要深刻认识并认真践行"建班育人"的教育理念，把良好班集体建设作为班主任工作的重中之重。

二、内地西藏班（初中）班级管理的艰巨性

内地西藏班（初中）办学的特殊任务决定了内地西藏班班级管理的艰巨性。虽然内地西藏班（初中）属于义务教育阶段，但是办学的宗旨重在使命教育和责任教育。因为义务教育初中阶段生源就近免试入学，而内地西藏班的生源不是就近入学，也不是免试入学，而是通过西藏自治区组织的统一考试百里挑一选派的，然后来到千里之外的内地发达城市，就读于国家投入大量教育经费打造的优质学校。来内地学习的藏族学生的未来不应该仅仅属于自己，还必

须属于西藏，属于西藏的建设和发展，属于西藏人民，属于伟大的祖国，他们必须承担带领一代人建设西藏的历史使命和责任！

内地西藏班班主任只有深刻认识内地西藏班班级管理的艰巨性，尽职尽责地履职，才无愧于党和国家，无愧于西藏人民。

三、内地西藏班（初中）班级管理的复杂性

内地西藏班（初中）生源和学制的特殊性决定了班级管理的复杂性。

首先是年龄带来的问题。藏族学生小学毕业后，还没有到独立生活的年龄就远离父母，来到内地开始长达三年的住宿制学习和生活。他们的身体发育按部就班，而心理发育却要经受环境的催化。在刚入学时，他们还是儿童，满脸的稚气，陌生环境、学习节奏、独立生活等客观条件催促他们不得不向青少年转变，那么谁来给予他们亲人般的关心和呵护，使其尽快适应这突如其来的变化？随着对环境的熟悉和适应，他们青春期的叛逆也随之不请自来，那么谁来倾听他们的秘密，理解他们的诉求，安慰他们的情绪？他们叛逆期还没结束，就要面临理想和前途的抉择，需要他们迅速变成有责任感的青年，那么此时谁来做他们的人生导师，为他们传道授业解惑？是教师！因为在学生的这个重要成长过程中，父母远在千里之外，长期陪伴他们的是教师，所以内地西藏班班主任要担当教师、家长和朋友三重身份。

其次是民族习俗问题。学生的内心世界是丰富且复杂的，教师只有真正了解自己的学生，才能做好班主任工作。独特的地理、历史、宗教、风俗形成了独特的西藏民族文化。民族文化一旦形成，将表现出强大的稳定性，使西藏学生形成独有的性格特点。内地西藏班的藏族学生在内地的文化适应过程中发生了特殊的心理变化，呈现了复杂的矛盾心理特征。教师要融入藏族学生当中，首先必须认同他们的民族文化。这一点非常重要。因为只有教师认同藏族学生的民族文化，学生才能从心底认同教师，才能向教师敞开心扉。教师只有走进学生的内心世界，全面客观地了解学生，充分把握学生的心理特征和性格特点，读懂学生，因势利导，才能收到教育实效。

更加复杂的是常年住校带来的问题。每一个内地西藏班（初中）都是由

三十几个十二三岁的藏族学生组成的大群体。面对这样一个常年住校的特殊群体，内地西藏班（初中）班主任需要担当多重角色。他们是学生心灵的安慰者，是学生安全的守护者，是学生做事方法的指导者，是学生实践机会的创造者，是学生发展平台的搭建者，是问题情境的创设者，是学生点滴进步和闪光点的捕捉者，是不吝赞美之词的欣赏者，而不是事事包办、用爱的名义的伤害者。只有这样，教师才能应对内地西藏班（初中）管理的艰巨性和复杂性。

四、创新内地西藏班（初中）班级管理模式的几点思考

内地西藏班（初中）班级管理的艰巨性和复杂性需要管理模式的适切性。构建适合内地西藏班（初中）的班级管理模式，必须充分考虑以下几个方面的理念：

1. 树立面向全体学生的学生干部观

既然每个来内地读书的藏族学生将来都要承担建设新西藏的历史使命和自觉维护祖国统一、民族团结的政治任务，那么内地西藏班（初中）的班级管理模式就必须遵循全体性原则，关注到每一个学生，让每一个学生都拥有一个实践的岗位、一个锻炼的机会、一个成长的平台。

2. 承认学生个体间的差异，优势互补

虽然来内地读书的藏族中学生都是经过选拔的，但是他们来自西藏的不同地区，先天禀赋和后天环境的不同导致了学生的素质结构在形成和发展过程中呈现出一定差异。而且受自然条件的影响，西藏不同地区的生源在能力方面差异比较大。在内地西藏班（初中）班级管理模式中，我们必须承认并尊重学生个体间的差异，以"群体式"管理替代"个体式"管理，从而实现优势互补。

3. 充分考虑到住宿制藏族学生间的人际关系因素

藏族学生从众乐群。他们特别在意同伴对自己的评价，集体对个体以及同伴间的影响力更大。由于藏族学生朝夕相处，常年住校，使得人际关系主宰着每个藏族学生的喜怒哀乐，同学间容易形成小群体。因此，内地西藏班（初中）班级管理模式必须充分考虑到住宿制藏族学生间的人际关系因素，不能僵化学生之间的关系，而是要通过合作共赢来优化学生之间的关系，以全员参与

"班集体建设"的建班育人理念替代少数人帮助教师"管理班级"的管理理念。师生间是"同心、同向"的携手共进关系，而不是"管理与被管理"的矛盾对立关系。

五、内地西藏班（初中）藏族学生的性格特点

十二三岁的藏族孩子远离父母，来到文化差异很大的内地求学，这无疑给他们的身心带来巨大挑战。他们要独立面对陌生的生活环境，独立面对新的学习节奏，独立面对常年住校的各种困难和集体生活中人际交往的烦恼，独立面对青春期的变化，等等。在异地跨文化环境背景下，内地西藏班（初中）的藏族学生与自治区内的藏族学生的性格特点也有所不同。

1. 心地善良，同情弱小

受西藏传统文化的熏陶，藏族学生心地善良，遇到比自己弱的或者比自己小的对象，藏族学生都会抱有慈悲的怜悯心，毫不犹豫地给予同情和关爱。比如，对小动物的保护、对陌生乞丐的施舍、对生病同学的照顾、对学习成绩落后同学的帮助，等等。

藏族学生的这个特点非常有利于小组合作活动的开展。另外，藏族学生同情弱小往往不加分辨，使他们在陌生的环境中存在安全隐患，需要班主任加强引导和重点关注。

2. 性格敏感，情绪善变

藏族学生的敏感和多疑表现在遇到触及自己敏感神经的人和事时，情绪非常激动，有的男孩子甚至会情绪失控。马斯洛的需求理论中排在第二位的是安全的需要。藏族学生远离父母和亲人，来到一个陌生的地方，开始全新的生活，安全感是他们首要的心理需求。敏感、多疑、善变是远离亲人、身处他乡的孩子们必然的自我保护心理。

教师的关怀、同学间的关爱、集体温馨的氛围能够给敏感的藏族学生带来安全感和归属感。建设温馨和谐的集体是班主任的首要工作。同时，在处理学生问题时，教师首先要控制好自己的情绪。

3. 表面倔强，内心脆弱

首先，内地西藏班（初中）都开设在内地发达省市，西藏传统文化与发达城市文化间的差异会给藏族学生带来自卑心理。其次，进入内地西藏班（初中）的藏族学生都是各地区的优秀学生，然而西藏各地区的经济和教育发展不均衡，导致内地西藏班（初中）中不同地区生源间学业基础和认知能力参差不齐。在群英荟萃的内地西藏班（初中），曾经的优秀学生失去了以往的优势，便会产生心理压力。还有，来自不同家庭的藏族学生，家庭教育、经济状况以及生活方式也存在明显差异，陌生同伴不同的家庭背景也是导致某些藏族学生产生自卑心理的重要因素。

班主任具有耐心和爱心，可以公平公正地对待每一个学生，能够在一定程度上化解学生的自卑心理。但是，要想彻底摆脱自卑心理，必须依靠学生内心成功的体验。教师只有搭建平台、创造机会，让学生在实践中体验成功，才能让自卑的学生真正自信起来。

4. 从众乐群，盲目跟风

在文化差异比较大的陌生环境里朝夕相处的藏族学生，其从众心理非常强烈。常常表现为别人怎么做，自己就跟着做；别人怎么想，自己也这么想。不问是非，只选择与其他学生一致的行为。对同学的违规、违纪行为不劝阻、不制止，反而包庇和祖护。看到别人穿着时尚，自己就会觉得朴素很难为情。很多时候，学生的错误行为并不是自己主观意愿的表现，而是盲目跟风的心理在作祟。

内地西藏班（初中）学生处于人生的第二断乳期，他们还没有完全摆脱对父母、教师、朋友和亲人的依赖，情绪不稳定、自信心不足、判断力不够等是导致其从众心理的主要原因。

班主任要重视班级文化建设，用积极向上的班级文化影响每一个学生，引导学生形成正确的价值观显得十分重要。

5. 性格直爽，遇事冲动

由于受独特的民族文化，以及特殊的成长背景和宗教、家庭教育等的影响，藏族学生豪爽刚烈，个性鲜明，思想也相对单纯。这种性格特点使藏族学生表现出热情善良的一面，同时容易使他们由于过于直接而造成与他人的矛盾和冲突。

对于藏族学生的个别教育，采用正面管教，晓之以理、动之以情的方法更有效。

6. 团体意识强烈

藏族学生以本民族悠久的历史、灿烂的文化而感到自豪，加之国家对内地西藏班（初中）的优惠政策使其具有强烈的民族自信心。他们在来到内地学习后，期待在融入学校环境的同时，保持自己的民族习惯，自我保护意识也随之加强。藏族学生容易形成民族小团体，而且具有较强的团体意识。

在内地西藏班（初中）的建班育人过程中，可以引入"朋辈教育"理念，充分发挥优秀学生群体的带动和辐射作用，促进和谐班级形成良好的同频共振和扩散效应，帮助藏族学生尽快适应新环境，促进他们健康成长。

六、内地西藏班（初中）学生家长的心理诉求

"儿行千里母担忧。"内地西藏班（初中）学生家长为孩子在成长最重要的阶段缺少父母的陪伴而感到愧疚，对远在千里之外的孩子会产生一种补偿心理，往往以过度满足孩子的物质需要来补偿家长的精神牵挂。家长们坦言：

以前孩子在身边的时候，对孩子的要求排序是：成绩、健康、品德；孩子到内地读书后，家长对孩子的要求排序是：开心、健康、成绩+品德。

以前孩子在身边时，学习成绩退步，家长要狠狠批评孩子；孩子到内地读书后，学习成绩退步，家长想尽办法安慰孩子，自己却心急如焚。

以前孩子在身边时，家长严格控制孩子的零花钱，孩子要买衣服鞋子，家长会满足他们合理的要求，但不会让孩子随心所欲；孩子到内地读书后，每次孩子要零花钱，家长只是形式上过问一下，叮嘱不要浪费，然后如愿满足，即使孩子买千元以上的鞋子，家长也不会持反对态度。

总之，家长对孩子的期望很矛盾：一方面希望孩子自由快乐成长，另一方面希望孩子严于律己，学有所成；一方面凡事替孩子包办代劳，另一方面希望孩子自立自强。但是孩子毕竟是孩子，他们不可能理解家长们有求必应背后的

心理矛盾。家长的关爱往往成为孩子拜金主义、盲目攀比的"后勤保障"，成为孩子不思进取、懒惰散漫的慢性诱因。

毋庸置疑，每个家长都爱自己的孩子，每个家长都期望自己的孩子有所成就，教师跟家长建立充分的信任关系，加强教师和家长的沟通合作，实现"家班共育"是确保内地西藏班（初中）学生健康成长、成才的有效途径。

七、内地西藏班（初中）班级管理模式的现状调查

自2014年以来，我对全国10个省市的12所内地西藏班（校）进行了走访调研。其间，对217名藏族学生进行了访谈。

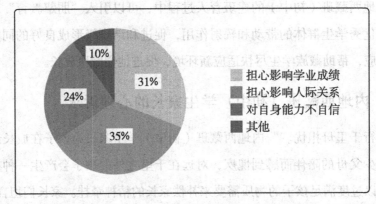

关于学生不愿意参与班集体建设的归因调查图

结果显示：内地西藏班（初中）主要沿用"以班主任、任课教师和少数班干部为核心"的班级管理模式。一些学生之所以不愿意参与班级管理，主要有担心影响学业成绩、担心影响人际关系和对自身能力不自信三个方面的原因。传统的管理模式会产生如下弊端：

1. 只有少数班干部的领导力得到锻炼和提升，忽视了全体学生的发展

每个学生都有表现欲，"用进废退"的规律告诫我们：如果教师忽略了学生的表现欲，不给他们表现的机会，久而久之，他们就会形成一种思维定式：班级的事由那些老师信得过、能力强的同学管，与我无关。这样，他们对集体的主人翁责任感就会渐渐退化，甚至消失。其表现形式是对班级的事漠不关心，放松对自己的要求，个别心态不好的学生还会故意捣乱。这种事态一旦在

班级传播开，班集体就成了一盘散沙。

2. 少数班干部与其他同学之间是"管与被管"的关系

传统的班干部是"官"，负责"管"其他同学，班干部与同学这两个群体的区分和对立是阻碍班级和谐发展的根源。在开展"群体式"自主管理的班级里，岗位即责任，多了一份责任和义务，少了一份权力和官本主义，班集体中成员间多了一份理解和支持。教育心理学研究表明：中学生最在乎的人不再是家长，也不是教师，而是同伴。藏族学生远离家乡，更在意同学间的人际关系。少数人（班级干部）管理多数人（普通学生）的班级管理模式在一定程度上会影响人际关系。

3. 管理负担重，影响班干部学业成绩和综合能力的提高

日常管理是班集体建设的基础工作，因其具有琐碎性和重复性，往往是耗时最多的一项工作。如果把日常管理还给学生，不仅有利于在实践中培养学生自理、自律和自学的好习惯，还能够培养其规则意识、责任意识和合作意识，锻炼学生的管理能力。但是，如果班级管理任务集中到少数班干部身上，管理负担重，占用了他们过多的课余时间，便会影响他们学业成绩和综合能力的提高。

综上所述，内地西藏班（初中）办学的特殊性决定了内地西藏班（初中）班级管理的艰巨性和复杂性，而内地西藏班（初中）班级管理的艰巨性和复杂性需要探索切合内地西藏班（初中）班集体建设、有利于藏族学生全面发展的班级管理模式。

"群体式"
班级自主管理模式之概念界定

> "群体式"班级自主管理模式是通过成立班级自主管理委员会，根据班集体建设的目标和内容，将班级全体成员整合成若干个"正式群体"，以"正式群体"为单位，群体中各成员优势互补、智慧众筹，合作完成班级各项管理任务的班级自主管理模式。

  真正的、现代意义上的管理都要通过科学的管理模式来进行。班级管理模式是在教育理论指导下建构起来的管理行为体系结构。"群体式"班级自主管理模式是在群体动力学原理的指导下，充分考虑内地西藏班（初中）的办学特点而建构起来的。

一、群体动力学原理

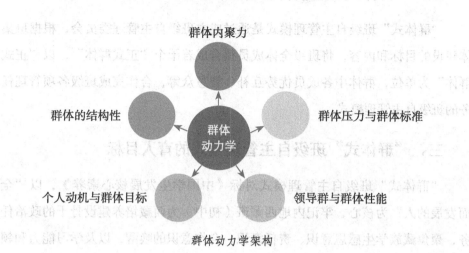

群体动力学架构

勒温于1939年提出了群体动力学。群体不是个体的简单集合，而是一个动力整体。群体行为中充满了力的相互作用，这种作用影响着群体结构，同时也在调节个人行为。该理论认为，影响和制约群体行为的因素主要包括以下五个方面：群体内聚力、群体压力与群体标准、领导群与群体性能、个人动机与群体目标、群体的结构性等。

该理论研究表明，群体越小，成员间的联系越紧密，成员彼此的互动越多，群体气氛也越容易营造，成员个别的需求越容易满足。群体总是共同遵守某种规则或标准，即规范。群体规范形成后，具有相当顽固的惯性和强大的约束力。明确的目标能指引群体的方向，使成员共同投入时间及精力。反之，如果目标不明确，便容易使成员因灰心而脱离群体。群体核心人物对群体成员的影响非常重大。能力更高的领导者能提供计划、组织、协调、沟通、指导、激励、团结、考核等多项功能，促进成员的互动，以达到群体目标。群体内聚力能够产生群体成员的责任性行为，提高群体的工作实效。

藏族学生从众乐群，而且常年住校，同伴朝夕相处，群体的影响力更加强大。群体动力学原理为班主任有效组织班级自主管理活动、提高班级管理实效提供了可靠的理论依据。

二、"群体式"班级自主管理模式

"群体式"班级自主管理模式是通过成立班级自主管理委员会，根据班集体建设的目标和内容，将班级全体成员整合成若干个"正式群体"，以"正式群体"为单位，群体中各成员优势互补、智慧众筹，合作完成班级各项管理任务的班级自主管理模式。

三、"群体式"班级自主管理模式的育人目标

"群体式"班级自主管理模式对标《中国学生发展核心素养》，以"全面发展的人"为核心，牢记内地西藏班（初中）为西藏培养建设骨干的政治任务，聚焦藏族学生感恩意识、责任意识、合作意识的唤醒，以及学习能力和领导能力的提升。

四、开展"群体式"班级自主管理要遵循的基本原则

全体性原则。知识可以从书本中获取，而能力必须在实践中历练。每个学生都是独立的生命个体，每个学生都拥有成功的梦想。"群体式"班级自主管理模式关注学生未来发展，尊重学生个体差异，确保班级每个学生都拥有管理岗位，公平地享有锻炼成长的机会，让全员参与真正发生。

平等性原则。"群体式"班级自主管理模式下的岗位不是官位，没有大小、主次之分，每个岗位都重要。无论学生承担哪个岗位，都不是因为比别人优秀，而是比别人更适合这个岗位。每个成员既是管理者，又是被管理者。平等的人际关系让同伴互助成为可能。

合作性原则。内地西藏班（初中）的藏族学生来自西藏的不同地区，各地区选拔的录取分数线都不一样，而且分差比较大。先天禀赋和后天环境的不同导致学生的学业基础和综合素质参差不齐。在"群体式"班级自主管理模式中，班级所有活动都是以"正式群体"为单位而开展，让合作促进每个学生个体的综合素养和关键能力得到全面提升。

五、"群体式"班级自主管理模式的创新之处

建班理念的创新。"群体式"班级自主管理模式强化"集体建设",淡化"个人管制",通过建设良好集体来滋养个体优秀品格。每个学生都是班集体的一分子、班级的主人,个体的健康发展离不开良好集体的建设。只有全体成员目标一致、群策群力,才能建设成为良好班集体,个体才能健康、幸福、快乐地成长。

管理文化的创新。"群体式"班级自主管理模式,强化"依法建班",淡化"以人治人",强调管理岗位不是官位,人人平等,团结合作。班级正式群体与非正式群体融为一体。正式群体代替了非正式群体,非正式群体上升为正式群体。

人际关系的创新。人人都是管理者,人人都是被管理者,人人更是合作者、学习者。班级的每个成员都具有管理者和被管理者双重身份,民主平等地共同建设有利于大家成长和发展的集体环境。以强带弱,以大带小,注重管理文化的同伴传递、年级传递、地域传递。

岗位设置的创新。"适合"优先原则。岗位设置不以优秀为评价和选择标准,适合的就是最好的。不比谁更优秀,只看谁更适合。

合作共赢原则的创新。每个部门就是一个合作小组,组内成员优势互补、智慧众筹、精诚合作,共同分担任务,减负增效。第一级管理岗位实施动态轮换,有利于形成高级管理品质。

评价方式的创新。班级发展的"经纬式"评价——个人纵向发展评价、群体横向捆绑评价。

"群体式"
班级自主管理模式之教师角色

内地西藏班（初中）教师角色的准确定位是"群体式"班级自主管理的首要因素。内地西藏班（初中）的藏族学生远离父母，常年住校，与他们朝夕相处的班主任是他们生命成长关键时期的重要他人。内地西藏班（初中）班主任要担当怎样的角色？在"群体式"班级自主管理模式下，班主任将怎样扮演好自己的角色？

西藏学生来内地读书，他们不仅要学习课本知识，更重要的是养成良好的习惯，提升综合能力，历练精英品质。这正是我们开展"群体式"班级自主管理模式行动研究的初衷。

一、"群体式"班级自主管理模式下，班主任应该秉承的育人理念

内地西藏班（初中）"群体式"自主管理是从生命和基础教育的整体性

出发，把班级还给学生，让每个学生都能拥有适合自己的岗位，激发每个藏族学生的发展潜力。在这种班级管理模式下，班主任要秉承科学、大爱的育人理念。

1. "全体性"育人理念

"为了每个孩子的终身发展"是《上海市中长期教育改革和发展纲要》开宗明义、贯穿始终的核心理念。"每个学生都是独立的生命个体，教育要服务学生主体发展；每个学生都拥有成功的梦想，教育要公平惠及所有学生；教育要惠及学生的一生，不能企望'立竿见影'；教育要服务社会发展进步，关注提升人的整体素质。"简而言之，教育要着眼于社会需求，放眼于未来发展，惠及所有学生，惠及学生的一生。

2. "全面性"育人理念

北京师范大学林崇德教授与他的研究团队历时三年权威出炉的中国学生发展核心素养分为文化基础、自主发展、社会参与三个方面。其中，自主发展重在强调有效管理自己的学习和生活，认识和发现自我价值，发掘自身潜力，有效应对复杂多变的环境，成就出彩人生，发展成为有明确人生方向、有生活品质的人。

3. "全程性"育人理念

华东师范大学叶澜教授的"新基础教育"强调四个"还给"：把课堂还给学生，让课堂换发出生命的活力；把班级还给学生，让班级充满成长的气息；把创造还给教师，让教育充满智慧的挑战；把精神发展的主动权还给学生，让学校充满勃勃生机。

叶澜教授说："人永远只能自己活着。主体性、自由性、自为性是人性存在的前提，是人的本质。有多少主动性就有多少存在和发展的可能性。教师是这个世界上最可能、也最容易替代他人的那一类人。教师习惯于用爱来控制，常常忍不住用自己的问题替代学生的问题，用自己的观点替代学生的观点，用自己的思考替代学生的思考，等等。这种爱可能会是一种不可挽回的伤害：培养出来的人无头脑、无能力、无智慧，更无独立人格。"

二、内地西藏班（初中）的特殊性决定班主任要担当三重角色

内地西藏班（初中）的特殊性决定了班主任要担当三重角色，即家长、朋友和导师。只有担当好这三重角色，拿捏好三重角色的尺度，班主任的建班育人工作才能落到实处。内地西藏班（初中）班主任的工作强度和难度之大不言而喻。

三、内地西藏班（初中）班主任迫切需要专业化发展

班主任岗位是具有较高素质和人格要求的专业性岗位。班主任是学生发展的重要他人，班主任的育人效果取决于自身的人格魅力，或者称之为影响力。

1. 以科学的态度了解学生

教师要对学生因材施教，就必须对学生有充分、准确的了解。苏霍姆林斯基说："应当了解孩子的长处和弱点，理解他的内心感受，小心翼翼地去接触他的心灵。"学生的内心世界是丰富且复杂的。许多时候，班主任和学生的身体距离近在咫尺，而心理距离却远在天涯。只有了解自己的学生，才能做好班主任工作。

2. 以亲人的角色走近学生

我曾五次中途接任内地西藏班（初中）的班主任，每次接班后的第一件事就是和学生聊天，聊西藏的神山、圣湖，聊西藏的民居，聊学生喜欢的小吃。刚到共康的时候，我对藏族学生完全没有概念，我从来没见过酥油茶，更不知道牛肉风干后竟然可以生吃。后来我阅读了一本《西藏导游词》的书，对西藏的地理、神山、圣湖有了比较全面的了解。知道了神山冈仁波齐在藏语中是"神灵之山"的意思，知道了位于阿里地区的玛旁雍错、位于藏北高原的纳木错、位于山南地区的羊卓雍错被誉为西藏的"三大圣湖"。我注意收集西藏的美食和风俗习惯的信息，到西藏亲自体验、品尝学生喜欢的特色小吃，知道了八角街附近的一家小店里的炸土豆片最好吃、革命藏面馆的藏面最地道、凉皮饼子上面抹点辣辣的酱汁是学生们的最爱，也是我的最爱。我也会说些"攘卓给""诺米度"之类的只有我的学生能听懂的"洋泾浜藏语"。虽然藏族和汉

族的风俗习惯存在差异，但双方文化是可以习得并理解和认同的。

我还发现，虽然藏族学生有时比较倔强，有时比较情绪化，有时面对教师的教育会沉默不语，但这种种表现都源于他们内心的太在乎、太执着。他们在乎同学间的友情，在乎师生间的恩情，在乎坚守那份简单、那份直接、那份纯朴、那份善良。而往往越是在乎、越是执着，就越是表现出倔强和情绪化，最后伤害了与他人的感情，恼了自己。

在心理方面，远离父母和朋友的藏族学生到了内地后，亲情链"断裂"，他们失去了最强有力的情感庇护伞，自我保护机制增强，随之心理封闭意识、戒备意识增强，潜意识中感情受到压抑，不能及时宣泄，情绪就特别容易激动。青春期的生理变化容易引起学生情感上的激荡、情绪上的不稳定。内地生活节奏快，竞争激烈，学习压力更大，不少学生不同程度的出现喜怒无常、易急躁、易冲动、自控能力差的现象，遇到困难容易沮丧。同时，处于青春期的学生，其情绪较为敏感，对异性充满了好奇和向往，也会出现一些情感上的困惑。

在活动方面，内地西藏班（初中）的藏族学生擅长群体活动，缺乏自我表现力。他们在群体活动和个体活动中的表现反差很大。比如在锅庄舞、球类运动、合唱等群体活动中，他们表现得积极而热烈，常常在外出实践的途中，坐在客车里一路集体欢唱。然而，在独唱、独舞、脱口秀等个体展示活动中，他们却表现得特别扭捏，教师常常是把学生"千呼万唤始出来"，学生却还是"犹抱琵琶半遮面"，场面十分尴尬。

在多年来的带班实践中，我发现了密切师生关系的最佳途径：跟男孩子一起玩球类活动，跟女孩子一起八卦聊天。

3. 以真挚的情感打动学生

教育的核心是心灵的教育。所谓感人心者，莫先乎情。藏族学生远离父母亲人，他们对教师和班集体的依赖感更加强烈，加之处于青春期的学生心智尚未成熟，他们做事的态度往往不是因为应该做才去做，而是因为喜欢做才去做。教育中必须把握学生的情感因素，因势利导。

藏族学生个体和班集体中出现的很多问题都是学生情感不成熟的外在行为表现。比如，个别学生在课堂上不接受教师的批评、公然顶撞教师的现象往往都不是简单的行为问题，而是维护自己"面子"，渴望得到同伴认可的情感需要。当学生出现异常的情绪和行为反应，教师一定要深入了解激发该行为发生的潜在情感因素，有的放矢地加以干预和引导，这样才可能从根本上加以解决。

4. 以大爱的情怀历练学生

对于常年住校且处于成长发展最迅速时期的藏族青少年，在生活方面，班主任要以父母之心关爱学生，尤其在学生遇到困难、受到委屈的时候，班主任要做学生的坚强后盾。同时，班主任也必须清晰地认识到：爱心是教育工作的前提和基础。但是，教育的复杂性决定了爱心不能成为达成教育目标、解决教育难题的包治百病的灵丹妙药，至少班主任对学生要爱得得法、爱得有度。班主任不能因为内地西藏班初中生常年住校、年龄小、生活方面需要班主任像父母一样的关心和照顾，就事事包办代劳，这样将剥夺他们自我管理的体验。我们应该把藏族学生年龄小、远离父母亲人、常年住校等弱势条件当作促进他们自我管理、锻炼他们坚强毅力的优势资源，帮助他们在分析问题、解决问题的过程中实现正确价值观的自我建构，在困难和挫折中丰满他们的羽翼，这样他们才能够飞得更高、更远。这才是大爱！

四、"群体式"自主管理模式下班主任工作的焦点

单一的元素无法触动多元时代的味蕾。在援藏政策的宠爱下，藏族青少年带着传统的历史文化，来内地适应多元社会。

影响是"群体式"自主管理模式的灵魂，是内地西藏班纷繁复杂的班主任工作的焦点。学生的成长过程会受到家庭、社会、学校、家长、教师、朋友、同伴、媒体等诸多因素的影响。学生会成长为什么样的人，取决于这些影响因素中更强大的那些基因。教育的过程就是影响力博弈的过程。

行为的变化源于观念的改变，观念的改变源于客观因素的影响。在"群体式"班级自主管理模式下，班主任的育人智慧体现在：凭借教师的个人魅力、集体良好氛围、群体榜样示范、精彩活动体验、多元评价激励、媒体正能量宣传等多种策略影响学生，引领他们的观念发生改变，行为自然而然随之改变。

曾经，我从初二年级接手一个问题班级，两年后，这个班级转变为上海市红旗中队。如今，这些藏族学生已经走向工作岗位，有的已经成家立业，有的已经为人父母了。在聊天中，让我感触最深的是学生们的一句话："老师，是您转变了我们的思想，我们用思想改变了自己的行为！"

这个问题班级的转化实例证明：影响学生思想发生转变远比直接约束他们的行为困难得多，然而唯有这条途径能标本兼治，品学兼修。班主任工作不应该停留在日常管理，也不应该狭义地理解为学科教学的后勤保障，班主任要利用一切可以利用的资源对学生施加积极影响，战胜一切吸引学生的不利因素。

影响还有一层境界，就是学生辅导员制。高年级中选出管理和表达能力强的精英少年作为低年级班级的学生辅导员，发挥传、帮、带作用，把"群体式"班级自主管理的成功经验分享给他们，从而实现共同发展进步。

影响还有更深远的境界：初一年级学生回西藏过暑假，班主任组织学生到本地区开展"群体式"班级自主管理模式和管理经验报告会，让没有机会来内地读书的西藏学生了解内地建班育人的理念和模式。如果条件允许，还可以开展"手拉手，共成长"班级联谊结对活动，增强内地西藏班（初中）学生的责任感和使命感，激励在西藏读书的同龄孩子自主发展、拼搏向上。

一言以蔽之，就是内地西藏班（初中）一定要通过建班来育人，凭借集体与个体的正面影响，相互促进，共同成长。

"群体式"

班级自主管理模式之了解学生

了解学生是因材施教的前提和基础。"群体式"班级自主管理模式的有效开展必须要首先全面、客观地了解每个学生已有的学习生活经验，准确掌握每个学生的个性，发现每个学生的特长，这样才能有针对性地指导学生选择适合自己的班级管理和服务岗位，激发学生的内在潜能，促进学生主体得到更好的发展。

那么，了解学生的主要内容是什么？有哪些途径？在了解学生的过程中要注意什么？

"为了每个学生的终身发展，惠及班级所有学生，惠及每个学生一生"是开展"群体式"班级自主管理的核心理念。用心观察是为了了解每一位学生的发展需求，了解学生发展所具有的潜能，以及他所具有的文化、个性和价值取向。每个学生都是独立的、不可替代的生命个体，只有全面、客观地了解每个学生已有的学习生活经验，才能科学地指导学生制定个体发展规划；只有深入了解学生的个性，发现和发掘学生特长，才能指导学生选择适合自己的班级管理和服务岗位，激发学生的发展潜能，促进学生主体得到更好的发展。

无论是中国教育理论精华的"因材施教"，还是加德纳多元智能理论的"扬长教育"，都必须建立在全面客观地了解学生的基础之上。

接手新班，一周之内对于班级每个学生的基本情况应该做到了如指掌，两周之内对于班级学生中哪个是资优生、哪个是特长生、哪个是学困生、哪个是问题生做到心中有数。只有这样，才能抓住稍纵即逝的教育敏感期，尽早发挥资优生的榜样示范作用，以资优生为学科带头人来构建班级学科专家组，带动全班同学互助学习，形成良好的学习氛围，让学困生感受到学习共同体强大的磁场力量和温度，重新拾起努力学习的自信心，不给学困生自甘堕落、自暴自弃的机会；尽早发扬特长生的偶像引领效应，以特长生为团长来组建班级小社团，吸引问题生加入社团，共同策划组织社团活动，通过社团活动激励问题生发掘自己的强项，用正能量的一技之长刷存在感，影响问题生树立积极的价值取向，有效避免问题生因得不到关注而形成反班级型非正式群体。这样，班集体便能很快进入班风正、学风浓、人心齐的良好状态。

实践证明，抓住稍纵即逝的教育敏感期可以使建班育人的效果事半功倍。

那么，了解学生的主要内容是什么？有哪些途径？在了解学生的过程中要注意什么呢？

一、前期调研的主要内容

1. 了解学生的基本情况

学生来源：来自西藏哪个地区、毕业于哪所小学。

健康状况：视力、偏食、过敏、慢性病。

自理能力：是否会整理学习用品、生活用品，是否会洗衣服、叠被子，是否会合理使用零花钱，是否能够在规定时间内完成各项任务。

自律情况：是否能够自觉遵守校纪班规，是否具有规则意识。

2. 了解学生的认知基础

学业状况：学习成绩、学习态度、学习方法、擅长的学科、薄弱的学科。

阅读状况：是否喜欢阅读、读过几本书、读的哪类书、阅读速度、理解程度。

3. 了解学生的个性特长

气质类型：多血质、胆汁质、粘液质、抑郁质。

艺术特长：声乐、器乐、舞蹈、表演、书法、绘画方面的才能。

强项优势：表达能力、组织能力、交往能力、管理能力等。

4. 学生的家庭情况

家庭类型、经济状况。

父母文化水平、教养方式。

孩子对家长的教育抱怎样的态度。

家庭成员中最尊敬、最信赖的人，在家里最听谁的话。

5. 学生的交友情况

学长中是否有亲属、邻居、家长朋友的孩子。

年级或班级中是否有小学同学。

学生一般结交什么朋友。

心中的偶像是谁。

二、前期调研的基本方法

（一）书面调研

1. 问卷调查

班主任可以通过手机下载"问卷星"软件，根据自己要了解的内容设计调查问卷，学生在手机上就可以完成，非常便利。也可以利用电脑设计Word版的问卷，将其打印出来后，学生手写完成，虽然这种方法统计起来比较麻烦，但是比较直观，班主任可以通过学生的填写情况，"读出"学生是否愿意参与班级管理的"态度"，发现学生的一些特长。班主任随时可以翻阅，便于与学生聊天谈话前"做功课"。

问卷调查法是全面了解学生基本情况最简便的方法。值得注意的是，在学生做问卷之前，班主任要做好宣传和解释说明工作，确保问卷结果的客观真实性。

2．入学检测

据了解，学校组织的学生入学测试通常作为班级学生整体学业情况的摸底，用于任课教师教学效果和学生学业发展情况评价比对。为了客观、公正、公平地评价教师的教学业绩，任课教师要避嫌，不参与命题和阅卷工作。

入学检测法是了解学生学习基础和学习能力最直接的方法，是因材施教的前提。试卷的命题工作和后期的试卷分析工作非常关键。班主任可以与任课教师沟通，自己命题进行检测。

（二）口头调研

1．访谈法

起始年级，班主任可以通过电话访谈小学教师和因各种原因不能来内地的学生家长了解学生情况，也可以向任课教师、生活教师、总值班老师、工作组学生询问了解学生情况。

2．谈话法

军训休息间隙、课间十分钟、到宿舍检查内务的时候都是与学生们谈话聊天的好时机。这时候，学生处于放松状态，表现是自然的。

（三）活动观察

1．竞赛活动

竞赛活动可以观察学生的团队精神和组织能力，帮助班主任判断每个学生适合班级的哪个岗位，如可以开展球类友谊赛、内务竞技赛、中英文朗诵比赛等。

2．学科展示活动

建班初期的学科展示活动通常包括优秀作业本展示、优秀笔记本展示、优秀纠错本展示、优秀综合本展示和优秀课桌整理展示等。班级学科带头人选定，组建学科专家组以后，学科展示活动将升级为带头人晒课活动、带头人赛课活动、学科专家组命题评优活动、学科专家组科学质量分析活动和学科知识竞赛活动。

活动观察是进一步深入了解学生的常用方法。

三、前期调研的注意事项

（1）前期调研是为了有针对性地服务学生的整体发展，在调研过程中，不要急于下定义，不给学生贴标签。对于资优生、特长生、学困生、问题生只是班主任心中有数，不可向其他学生和家长宣布。

（2）班主任不能有意无意地泄露学生信息，更不能用学生的信息挖苦、讽刺学生。

（3）教师可以通过聊天观察学生的性格特点：哪个学生的表达思路清晰、哪个学生的表达口齿伶俐、哪个学生的表达词不达意，学生说话时的眼神和倾听时的态度都能体现自身的基本素养。这些发现为接下来的班级岗位设置提供了极具参考价值的依据。哪个学生比较内向，不喜欢搭话；哪个学生滔滔不绝，比较外向；哪个学生总是抢话，时不时还会跟同学争吵，有的学生争吵有口无心，有的学生争吵会生气。在这个过程中，班主任不要急于表态或者给予干涉，只是旁观就好。对于发现的学生的问题，最好的教育方法是个别谈话，晓之以理，动之以情，帮助他们制订改变计划，督促提醒，表扬兑现情况。

四、班主任通过活动观察学生的时间哪里来

在开学初，班主任的工作比较繁杂，班主任工作计划、学科教学进度、一周提前量的教案等常规文案要按时上交；学校组织的学生大会、年级组会、军政训练、教室布置等班级文化建设，以及接待家长等活动要亲力亲为；学生书本的领取、班级劳动用品的领取、学生校服的领取和调整等琐碎事情几乎占用了班主任全部的时间和精力。

建议班主任在开学前把常规的文案类工作提前完成，开学后心里会笃定很多。把班级常规活动以及计划开展的特色活动的方案提前设计好，开学后活动便开展得游刃有余。军政训练活动是观察学生的有利契机。至于教室布置等班级文化建设、领取课本、校服、劳动用品等工作，教师最好带着学生一起完成。这个过程是活动，是观察学生的好机会。总之，班主任千万不能因为忙于班级的常规工作而忽视了对学生的观察，错过了解学生的最佳时段，就错过了

因材施教的关键时期。

五、我的前期调研花絮

（1）军训休息间隙，我走到学生中间："谁会唱歌？"疲惫的学生仿佛打了鸡血，起哄似的"检举揭发"起来。旦增曲吉和其美旺加就是我这个"星探"无意间挖出来的两位校园歌星。一有机会，我就鼓励他们亮亮歌喉。这样，他俩通过班级和学校文艺活动的多次展示和历练，自信、阳光、审美、好学的品格得到了质的提升。他们还影响了班级和学校的一群学生爱唱歌、敢上台、想展示，朝着唱得更专业的方向努力。

（2）宿舍是住宿制学生的家，家是港湾，温馨放松的环境是师生开怀畅聊的好地方。新生入学，我每天都去宿舍。每次到宿舍，无论事情多少，聊天都是最后的保留项目。学生们七嘴八舌，讲的都是自己的故事，说的都是大实话。无论聊得多高兴，我始终保持职业"星探"的敏感度和洞察力，每次聊天都有收获。旦增桑培是我"探"出来的，然后利用学校资源，搭建平台，"晾晒"他的才艺。入学短短一个月，他就被全校学生誉为"钢琴王子"。在他的影响下，学校每个楼层设置的钢琴利用率大大提高，从以前的六指魔琴变成照谱弹练。这个校园文化一角的氛围骤变，使我们不禁感叹：艺术的感染力和偶像的影响力对于青少年是极强的。

（3）丹增朗杰是我通过开学初的板报承办活动"探"出来的小画家。板报承办小组招募插图设计绘画者，学生"举报"丹增朗杰会画画，可是内向腼腆的他却好说歹说不肯执笔。我软硬兼施，最后用我教过的优秀毕业生的实例和视频"威逼利诱"，拨动了他的艺术心弦，成为班徽、学校艺术节会徽的设计师。一个非常内向腼腆的男孩子担当起班级宣传部长，从不问班级事到宣传部长，工作认认真真，升旗仪式发言落落大方，精彩出镜。我由衷地赞叹加德纳多元智能理论中的扬长教育与教育迁移的育人魅力。在青少年阶段，同伴的影响力量是巨大的。在丹增朗杰的榜样示范下，班级还有几个学生自我发掘了绘画艺术天赋，自我激发了对美术的热爱。

（4）球类友谊赛。"群体式"自主管理注重学生的主体地位，教师心甘情愿当好配角，服务好学生。教师搭台，学生唱戏。球类比赛活动，我按学生要求，只负责帮助协调比赛时间和场地。学生组织比赛的分组、规则的制定、裁判的选定、秩序的维持、后勤服务等环节事宜。在整个过程中，学生的组织能力、策划能力、团队精神、领导力就呈现出来了，班级体育部长、篮球小社团团长、足球小社团团长脱颖而出。

（5）内务竞技赛。以宿舍为单位，开展学生内务整理竞赛，比如叠被子比赛、叠衣服比赛、整理衣柜比赛、拆换被套比赛等。班主任可以在活动中物色宿舍长、班级宿管部长的岗位人选。

（6）中英文朗诵比赛。"群体式"班级自主管理模式主张班级活动尽量以团体形式开展，并且朗诵比赛同样以团体形式参赛。住宿制学校最简单的分组形式就是以宿舍为单位。预赛由每个宿舍自己组织，选拔推荐1~2名优秀选手参加班级组织的决赛。选手成绩和名次就是宿舍的成绩和名次。为了宿舍的荣誉，每个宿舍都精心选出最好的选手，这个过程加快了宿舍室友间的了解，凝聚了室友间的情感。班主任通过竞赛发现了语文学科带头人人选、英语学科带头人人选、班级活动主持人人选、班级文艺部岗位人选。

（7）展示活动。展示活动旨在发现学科带头人人选，发挥榜样示范作用，树立良好的学风。人心向善，每个学生都有成长向上的欲望，每个学生都有好胜的心理。问题是，一些学生不清楚到底应该怎样做、做到什么程度。展示活动让学生看到了标准，有了效仿的模板。我常常会惊喜地发现，在好胜心的怂恿下，优秀作业、笔记的模板一次次被刷新，比学赶超的班级学风日渐形成，这些效果的达成是任何说教和灌输都无法企及的。

（8）问卷调查：自我教育从制定目标开始。

在新学年开始，又有一批怀揣希望和梦想的藏族学生来到上海，开始长达三年的初中生活。如何把他们培养成为一个有自我教育能力的人？我个人认为，班集体建设是为学生个体成长服务的。先制定学生个人成长目标，在没有集体目标约束的前提下，个体制定的目标更适合个性化、多元化发展，再根据个人的合理需求，制定能够促进个体发展的班集体建设规划目标。目标不一定都达成，制定目标的意义在于引发学生对人生的思考。这很重要。制定目标是一种管理手段和激励策略。在接班之前，班主任早已做好了班级的整体发展规划，根据学生的诉求再做相应的调整就更完善了。

总之，班主任不同于其他任课教师的工作在于建班育人。对于中学生而言，同伴的影响力是无穷大的。于是，营造良好的班级环境氛围影响个体健康成长就显得尤为重要。只有在充分了解班级整体情况的基础上，才能从班级的实际出发，正确地制订每一项计划、筹备每一次活动。只有充分了解学生个体的独特性，尊重个体差异，发现个体的强项，才能有的放矢地激励班级全体成员的群策群力、优势互补、团结合作。同时，在建班之初，班主任及时了解学生综合信息，准确把握学生个性特点，洞悉学生思想发展动态，抓住教育敏感期，也有利于把可能发生的问题解决在萌芽状态，避免反班级型非正式群体的形成。可见，了解学生是有效开展一切教育活动的前提和基础。

个人成长目标

1. 你为什么会来共康中学读初中？是自己的愿望，还是家长的愿望？

【问题设计意图】了解学生人生观的现状，判断每个学生个体对自己的认知水平。

2. 在来上海之前，你了解共康中学吗？通过什么途径了解的？

【问题设计意图】了解共康中学在西藏的影响力，同时判断学生的学习目标。

3. 在来到上海后，共康中学给你的第一印象是怎样的？与你想象中的有什么差别？

【问题设计意图】了解学生的心理，是否有安全感、幸福感、自豪感。学生对学校的满意度，对学生的成长和发展很重要。

4. 初来乍到，你最大的困难（困惑）是什么？

【问题设计意图】了解学生的困难，一方面有利于班主任有的放矢地关心每一个学生；另一方面，便于学校今后做出改进，更好地服务学生。

5. 将来你想成为什么样的人？如果可能的话，将来你想从事什么职业？谁或什么事影响你有这样的理想？

【问题设计意图】引导学生对自己的人生进行思考。现在的学生生活很盲目，缺乏对自己、对社会未来的思考。

6. 你清楚成为这样的人，需要具备些什么技能和素质吗？成长过程中会遇到很多困难，你怎样应对？

【问题设计意图】提醒学生，成长的道路不是一帆风顺的，要做好迎接困难的心理准备，还要思考如何克服困难。

7. 认真思考一下，现在的你有哪些长处和不足？（包括习惯、性格、能力等方面）本学年，你打算发扬哪几项长处，弥补哪几项不足？

【问题设计意图】引导学生制定切实可行的成长目标。同时，班主任要特别注意引导学生制定多元化的成长目标，而不只是成绩提高了多少、考试名次提前了几名。

集体发展规划

同学们，每个人都是集体中的一份子，我们每个人都是社会人。个人目标的实现必须依赖集体这个小社会的环境和氛围。为了确保每个人能够顺利完成个人目标，我们应该积极行动起来，制定班级整体发展规划。

1. 你认为什么样的班集体有利于你的目标达成？你愿意为理想中的班集体建设做些什么（承担些什么责任、尽些什么义务）？

【问题设计意图】使学生认识到集体建设是为个体发展服务的，使学生从心里愿意为班集体建设服务，享受良好班集体给自己带来的收获。

2. 请描述一下，你最喜欢什么样的老师？

3. 请描述一下，你最不喜欢什么样的老师？

【问题设计意图】便于班主任正确认识自己。对于学生提出的要求进行反思，对于学生合理的要求，教师应努力改正；对于学生认识上的偏差，教师要耐心解释，说服学生，树立正确的评价标准。及时了解学生的心理诉求，及时与学生沟通有利于师生关系更融洽。

4.请你为理想中的班集体出些金点子。

【问题设计意图】了解有思想、善于思考的学生好苗子，作为班级领头羊的人选。

"群体式"
班级自主管理模式之岗位设定

实行"群体式"自主管理的班级必须确保每个学生在班级中都拥有一个成长锻炼的岗位，然而每个岗位都不是孤军作战的。那么，"群体式"自主管理的班级岗位是怎样设定的？遵循什么原则？岗位职责是什么？

开展"群体式"班级自主管理，班主任要创设和提供多元的实践平台和机会，确保每个学生在班级中都拥有一个岗位，学生在岗位实践中锻炼，在体验中成长。那么，"群体式"自主管理的班级设置哪些岗位？遵循什么原则？每个岗位的职责是什么呢？

一、"群体式"班级自主管理的岗位设置

"群体式"自主管理的班级岗位设置以"部"为单位。班级设立八个部，分别是纪律部、体育部、宿管部、学习部、卫生部、生活部、文娱部、宣传部。

其中，纪律部、体育部、宿管部是以强化规则意识为主的团队。学习部是以促进自主学习为主的团队，下设专家组。学科专家组根据学生的学科成绩和个人爱好，自愿报名，教师权衡决定组成。每个学科专家组中由一个成绩好的学生担任学科带头人，负责组织学科测试命题、学科竞赛等工作，由一两个成绩落后的学生担任科代表，帮助带头人检查、批改学生自主检测试卷或默写，由一个比较细心的学生负责学科作业、成绩统计工作。卫生部、生活部、文娱部、宣传部是以营造班级文化为主的团队。

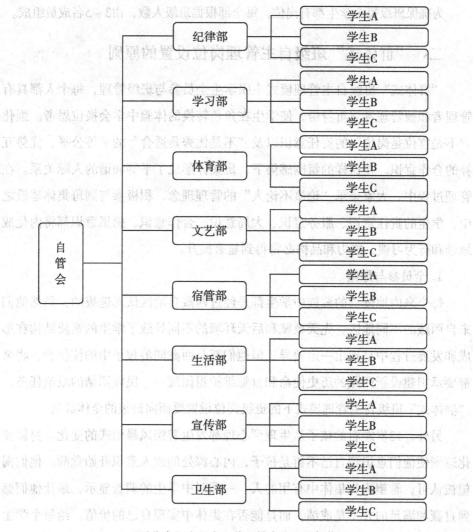

"群体式"班级自主管理模式的组织机构

自管会由班主任、自管会主席、副主席以及各部长组成。其中，主席和副主席不专设，从部长中选出兼任。

部长由部内成员轮换担任。

"群体式"班级自主管理模式中学习部下设专家组

学习部						
语文 专家组	数学 专家组	英语 专家组	藏文 专家组	物理 专家组	化学 专家组	政治 专家组

为确保班级每个学生都有岗位，每个部根据班级人数，由3~5名成员组成。

二、"群体式"班级自主管理岗位设置的原则

"群体式"班级自主管理模式主张学生全员参与班级管理，每个人都具有管理者和被管理者双重身份，使学生在角色转换的体验中学会换位思考。强化"不是官位是岗位"的责任意识以及"不是优秀是适合"的平等公平、优势互补的合作意识。在这样的氛围感染下，班集体形成了平等和谐的人际关系。在管理过程中，大家秉承"论事不论人"的管理理念，积极参与到班集体建设之中。学生的责任意识、服务意识、大局意识、合作意识、感恩意识都将内化成思维和行为习惯，能力和品格必将得到显著提升。

1. 全员参与原则

每个来内地读书的藏族中学生都是经过西藏自治区认真选拔的，虽然他们来自西藏的不同地区，先天禀赋和后天环境的不同导致了学生的素质结构在形成和发展过程中呈现出一定差异，但他们都是西藏同龄孩子中的佼佼者，将来都要承担建设新西藏的历史使命和自觉维护祖国统一、民族团结的政治任务。"群体式"班级自主管理模式下的班级岗位设置要面向班级的全体成员。

另外，13岁左右的孩子从生理到心理都发生着疾风暴雨式的变化。身体变化逐渐使他们意识到自己不再是孩子，内心深处的成人意识开始觉醒。他们渴望被认可，希望成为集体中有用的人。一项对中学生的调查显示，最让他们感到自豪和满足的并不是成绩，而是能否在集体中实现自己的价值。给每个学生

一个机会、一个适合他的岗位，相信他们一定会还给我们一个惊喜，这样的班集体一定会焕发出生命的活力。

2. 人尽其才原则

在"群体式"自主管理的班级里，岗位不分高低贵贱、孰重孰轻，成员不分优良中差、谁强谁弱。根据加德纳多元智能理论，每个人由于强项和弱势，岗位的选择和任命不是因为谁比谁优秀，而是谁比谁更适合这个岗位。这样，班级的每个成员都能够心态平和地根据自己的实际情况选择适合自己的岗位。各部长的选拔不要急着组织学生民主选举，因为对于刚刚组建的新集体而言，学生之间并不了解，这个时候的民主只能是"伪民主"。各部长的选拔要经过观察、试用、选举、任命四个阶段。因为适合，所以履行岗位职责时更加得心应手；因为心态平和，所以都能尽心尽力地完成本职工作。

3. 优势互补原则

在"群体式"自主管理的班级里，每项日常管理工作都是以"部"为单位，由成员集体合作完成的。同时，"群体式"自主管理模式中实行以"部"为单位的"捆绑式"评价。每个部的成员要优势互补，发展强项，这样才能够互助共赢。

4. 部长轮换原则

学生是不断发展的人，也就要求教师认识到学生身上的各种特征都还处于变化之中，看到学生有发展的客观可能。班级部长轮换制从另一个侧面为面向全体学生、促进学生全面发展提供了必要的机制保证。

一些部长在岗位上表现很出色，班主任可以鼓励他们以做教练、带徒弟来挑战自己，提高多方面的组织领导能力。一些部长由于个性原因，经过班主任的悉心辅导仍然不能胜任原有岗位，这时班主任可以鼓励他们重新审视自己，发掘自身特长，选择更加适合自己的新岗位，重新开始。

为防止部长的轮换会削弱各部的稳定性，影响班集体建设，部长的配备组成可采用相对固定、部分调整、逐步轮换的办法。

三、"群体式"班级自主管理的岗位职责

把班集体建设的大目标分解成若干个小目标，每个小目标就是一个岗位。对于尚未成熟的初中生来说，目标越具体，岗位职责制定得越明确，学生操作起来思路越清晰，越容易落实，效果越好。

"群体式"班级自主管理的岗位职责表

岗位	职责
自管会主席	对接学校的学生处和年级组，上传下达学校各项活动通知，按活动内容分派到班级中对应的部。 组织召开每周一次的部长例会，总结上周工作，剖析班级问题，带领部长讨论解决问题的办法，审议各部下周工作计划，及时把班级现状和各部工作情况的相关信息反馈给全班同学。 自管会主席要以身作则，有大局意识，搞好自身学习，加强身体锻炼，提高自己的综合能力。能够自己处理的小事不必上交班主任。当班主任不在的时候，行使代理班主任的职责
自管会副主席	对接学校大队部，组织协调班级文艺部、宣传部和体育部等，认真出色地完成大队部下达的活动任务。 负责团员发展工作。 组织生活部、学习部和纪律部等做好学生评价汇总工作。 负责班级各项推优评先工作
纪律部	专门负责晚自习期间学生的纪律、学习态度和活动秩序。 认真做好学生晚自习评价工作
体育部	早锻炼，课间操。 组织同学按时参加集会、升旗仪式，并负责点名考勤。 负责就餐、就寝、集会、外出活动时排队。 协调生活部、纪律部，开展班级小型体育活动、班级篮球队以及其他活动队的技术指导、校运会的组织工作。 提醒、制止同学的不当体育活动。 认真做好同学体育锻炼和体育活动的评价工作
宿管部	负责宿舍卫生、就寝纪律。 协调宿舍室友间的人际关系。 每个月统计一次宿舍生活教师打分情况。 做好宿舍评价工作

岗位	职责
学习部	督促学科专家组检查作业，定期组织作业、笔记评比，开展学科竞赛。学科学业质量分析。（电脑培训） 每个学科每周由专家组出一套测验试卷，题量一般一页B4纸。要求：有批改、有分析、有评价。每月统计学生在每个学科的进退步情况，由学习部长进行月总结。 每学期至少进行一次学科晒课活动，专家组集体备课、设计、磨课，参晒者由专家组推荐，晒后，参赛者介绍组内成员对本节课的帮助和贡献，培养感恩和团队精神。 做好学生学业发展统计评价工作
卫生部	负责教室和食堂卫生。（教室值日以寝室为单位，寝室长负责制） 督促当天值日生的扫除工作。 负责提醒两名保管员保管好劳动工具和教室财产。 检查学生零食，做到零食不进教室。 做好学生劳动态度的评价工作
生活部	负责学生的出勤、健康、医疗。 负责发放早、晚点心。 负责检查下午第二节的眼保健操和个人卫生。 了解班级同学的身体状况并及时反馈。协助生活老师关心病号，并根据病号身体恢复情况及时向生活老师反映以便安排病号餐。 负责领取发放教材、同学书信、学习用品以及学校要求的各项费用的收取。联系家长委员会订班服。 做好班级学生评价汇总工作
文娱部	组织策划班级活动。 团结班级文艺骨干，共同组织与策划班级和主题文艺活动。 协助学习、纪律部长组织开展班级各项竞赛活动
宣传部	每月做好黑板报、墙报和其他专栏。 发动同学布置、美化教室。 负责班级日志、中队杂志。 配合文艺部组织策划班级活动。 负责报刊、图书管理。 书记员：2名电脑高手。 小记者：2名（摄像、摄影），负责班级法规文件的打印、编码、盖章、装订、存档。（各部配合） 做好学生参与班级宣传活动态度评价工作

四、内地西藏班（初中）常规管理的内容及部门分工

1. 内地西藏班（初中）班级常规管理的每日常规与部门分工

分工明细

空间	常规工作	分管部门
宿舍	按时起床	宿管部
	整理内务	宿管部
	着装仪表	生活部
	晨读	学习部
	排队到校	体育部
校园	健康状况	生活部
	早锻炼	体育部
食堂	三餐	生活部
	三餐排队	体育部
	就餐纪律	生活部
	餐具、清洁用品	生活部
	卫生	劳动部
教室	早读	学习部
	卫生	劳动部
	收发作业	学习部
	学习用品整理	生活部
	电教设备管理	生活部
教室/校园	大课间广播操	体育部
	大课间眼操	生活部
教室	午休	学习部
教室	自习课	纪律部&学习部
	晚自习	纪律部
	布置作业	学习部
	排队回宿舍	体育部
	班级日志	宣传部
宿舍	就寝纪律	宿管部
	宿舍卫生	宿管部

2. 内地西藏班（初中）班级常规管理的每周常规与部门分工

分工明细

时间	常规工作	分管部门
周六	教室大扫除	劳动部
周日	食堂大扫除	劳动部
周六&周日	宿舍大扫除	宿管部
周五	部长例会	班主任/自管会主席
周五	班会课/总结会	自管会
周六&周日	每周一测	学习部
周一	收发周记本	宣传部

3. 内地西藏班（初中）班级常规管理的每月常规与部门分工

分工明细

常规工作	分管部门
月考分析	学习部
黑板报	宣传部
理发	生活部
月之星评比	自管会/班主任
集体生日	文艺部

4. 内地西藏班（初中）班级常规管理的学期常规与部门分工

分工明细

常规工作	分管部门
升旗仪式	文艺部
主题教育课	班主任
值周班	自管会
期中考试分析	学习部
期末考试分析	学习部
综合素质评价	班主任/任课教师/自管会
读书分享	宣传部
综合实践活动	班主任/家委会

常规工作	分管部门
布置教室	宣传部&生活部
学期总结大会	自管会
学期才艺汇演	文艺部
体育竞赛	体育部

5. 内地西藏班（初中）班级常规管理的年度常规与部门分工

分工明细

常规工作	分管部门
家长会	班主任/自管会
运动会	体育部/自管会
设计订购班服	生活部/家委会
节日庆祝活动	文艺部/自管会
升级庆典活动	自管会/文艺部

五、"群体式"班级自主管理模式的岗位认定

1. 岗位招募

在建班之初，教师和学生之间彼此还不了解，通过招募志愿者的形式认领岗位，便于后期的岗位调整。班级岗位不是官位，没有高低贵贱、孰重孰轻之分。岗位选择的原则不是优秀，而是适合。在此前提下，鼓励每个学生根据班级的岗位设置，参考岗位职责，自愿挑选适合自己的岗位。对于个别没选择到合适岗位的学生，教师帮助协调和推荐岗位。

2. 试岗观察

学习上的重视和帮助（班干部的学业成绩会影响他们的威信）。

关注班干部与同学的关系，帮助协调沟通，使其心情愉悦地为同学服务。

当遇到管理难题时，班主任要及时跟进。一方面鼓励班干部积极思考解决策略；另一方面，班主任要承担责任，做学生的坚强后盾，既不要让班干部产生依赖性，更不能有无助感。

3. 调整认定

经过试岗，学生对岗位职责有了更深刻清晰的认识，对自身的综合能力、个性特长也有了一定认识，有的学生会主动提出调整岗位（如桑培）。同时，通过观察，教师对每个学生也有了比较全面客观的了解。对于不适合该岗位的学生，教师要做适当调整。

4. 成立班级自主管理委员会

每个学生个体都是存在差异的，成立班级自主管理委员会，让能力相对较强的学生脱颖而出担任各部部长和学科带头人，发挥示范带头作用。

学生之间以及师生之间都有了比较深入的了解。学生根据自身条件进行自我推荐，再进行民主选举，这样产生的部长更适合岗位要求。

在选举结束后，班主任找候选人一一谈话，激励他们在班级这个小社会里有所作为。最后，安排一个恰当的时间，召开一次严肃、认真的主题班会。会上，班主任宣布班级自主管理委员会成员的任命，各个部长发表就职演说，自管会主席做自管会工作报告。至此，自管会成立，学生真正成为班级的主人，开始了民主化和科学化的班级自主管理路程，但只是蹒跚学步阶段，班主任要牵着班干部的手，使他们在实践中步伐慢慢稳健。

六、"群体式"班级自主管理委员会成立仪式

1. 活动背景及目的

内地西藏班（初中）学生肩负着祖国的期望、藏族人民的嘱托、建设新西藏的重要使命而来到内地学习，他们不仅要学习文化知识，更要提高自身的综合能力。自我教育能力是促进藏族学生健康成长的重要因素，也是西藏未来的建设者和接班人必备的素养。创设班集体自主管理模式，引导学生自主管理是班主任工作的重点。

本次主题活动是在新集体组建后，经过两个月的岗位试岗和磨合，班级组织机构已经稳定，是时候宣布自主管理模式正式启动了。

2. 活动程序纪实

主持人甲：同学们，首先，让我们用热烈的掌声对各位领导、老师的到来

　　　　　　　　表示热烈的欢迎和衷心的感谢！

主持人乙：我们这些来自雪域高原的少年沐浴着党的阳光雨露，备受社会
　　　　　各界的关心与呵护，我们立志用我们最真挚的心灵、用生命昂
　　　　　扬的动力、用青春跳跃的音符为祖国谱写一曲金色赞歌。

合：　　　"我们行、我们能行、我们一定行"主题班会现在开始！

主持人乙：时光飞逝，岁月如梭。转眼间，我们在鸿雁这个大家庭里共同
　　　　　生活两个多月了。现在，我们已经适应了这里的学习节奏和生
　　　　　活环境。

主持人甲：在过去的两个月里，学校和老师为我们搭建了丰富多彩的展示
　　　　　我们自身能力的大舞台，我们根据大家在平时学习和工作中表
　　　　　现出来的个人特长和管理能力，通过民主投票，选举出班级自
　　　　　主管理委员会主席和生活、劳动、纪律、学习、体育、文艺、
　　　　　宣传等各部部长以及班级杂志社主编。从此，鸿雁班级自主管
　　　　　理委员会正式成立！这预示着我们的自主管理模式正式启动！

主持人乙：下面，请班主任老师宣布鸿雁班级自主管理委员会成员名单。

主持人甲：让我们用热烈的掌声有请与会的领导和老师为他们佩戴标识。

主持人乙：谢谢各位领导和老师。接下来，请各位部长述职。

主持人甲：请学生代表发言。

主持人甲：自古英雄出少年！透过历史的眼眸，我们站在岁月的肩膀上
　　　　　远眺。

主持人乙：这是一个承前启后的时代。

主持人甲：这是一个日新月异的时代。

主持人乙：这是一个继往开来的时代，

合：　　　我们肩负沉甸甸的嘱托，我们憧憬美好的未来。

主持人甲：近代思想家梁启超挥笔成就经典名篇《少年中国说》。听，中
　　　　　华经典的铿锵音韵在我们耳边回响。

主持人甲：中华经典的千古风韵在我们心头荡漾。

主持人乙：请鸿雁杂志社主编发言。

主持人甲：请班级自主管理委员会宣读工作报告。

主持人甲：自管会主席所做的班级工作报告将提交到班级自主管理委员会
审议，并在广泛听取同学们的意见和建议后开始执行。在此，
真诚恳请与会领导和老师给予宝贵的指导和建议。

主持人乙：请班主任授旗。

班主任：把班级交给你们，我放心。

自管会主席：我们绝不辜负您的信任和期望。

主持人乙：请自管会主席带领全体同学宣誓：

（誓词PPT）

我们的班会即将结束。最后，让我们用最热烈的掌声有请校长
给我们提些要求。

主持人甲：谢谢校长！

中队主席：全体起立，退旗！

合："我们行、我们能行、我们一定行"主题班会到此结束。

主持人甲：谢谢各位领导和老师的光临。

3. 活动反思

（1）通过主题班会，学生的主人翁意识明显增强了，他们感受到了自己在
班集体中的作用和责任。

（2）各部长的职责更加明确了，工作思路更加清晰了。

附：

班级自主管理委员会主席工作报告

尊敬的各位领导、老师，大家好！

从遥远的青藏高原来到美丽的东海之滨，我们藏族孩子在上海市共康中
学学习、生活。我们努力把班集体建设成快乐的世界、自主的园地、创造的舞
台、友爱的家庭。愿雪域雏鹰的翅膀快快丰满起来，飞得更高、更远……

21世纪是知识多元化、能力大比拼的世纪。我们不能只局限于学习书本上的东西，一定要珍惜来上海学习的大好机会，抓紧三年的宝贵时间，利用上海这座国际化大都市的地域和信息资源，锻炼自己的分析、观察、阅读及深度思考能力；利用学校和老师为我们搭建的平台，培养和提高自身的管理能力；利用社区与我校共建的优势资源，锻炼我们的社会实践能力，努力使自己成长为身体健康、品德优良、成绩出色、能力超群的一代新人。为此，我们把班级交给学生们自主管理。

为了把班级管理好，班主任和学生们共同制订了工作计划。

一、建立自主管理体制，加快自主管理进程

要使班级的自主管理科学、有序，就必须建立完善的管理体系和管理制度，做到有法可依、有章可循。我们试行"群体式"班级自主管理模式，具体职责分工如下：

（1）聘请班主任做管理顾问，指导、评价班级工作。

（2）自管会主席职责：

负责联络学校下达给班级的各项工作。

负责协调、督促、检查各部工作情况。

组织策划班级活动，提高综合能力。

（3）各部长职责：

生活部长组织寝室长共同搞好寝室卫生，督促同学们按时就寝，创造良好的生活环境。

劳动部长组织值日生搞好教室卫生，努力创造良好的学习环境。

纪律部长组织值日班长管理课间文明休息、早中晚自修纪律，营造良好的学习氛围。

学习部长组织科代表认真记录学生作业的完成情况，加强与任课教师的沟通，帮助任课教师及时了解学生的学习动态。对拖欠作业的学生及时进行教育。利用班会课不定期地开展学习方法交流，共同提高。开展多种形式的学习竞赛活动，形成你追我赶的竞争氛围。继续开展"一帮二"活动，加强对学习有困难的同学的帮助。

体育部长组织开展各种体育活动，检查课间操，为学生的身体健康保驾护航。清华大学的哥哥姐姐们喊出这样的口号："为祖国健康工作五十年！"我们也要向他们学习。

宣传部长负责教室布置、板报、班级日志、班级杂志及宣传栏等方面的工作。

文艺部长负责学校下达的和班级自主的文艺活动的组织和开展。

二、加强干部队伍建设，营造良好队风队貌

各部长是我们鸿雁中队的领头雁，我们计划利用每周部长常务例会，组织各部长进行学习和培训。让部长发挥表率作用，带动全班同学共同进步。各部长需各明其责，高效率、高质量地完成自己的本职工作，加快班级自主管理和建设进程。

各部长必须努力做到以下几点：

（1）树立服务意识，为同学们营造良好的学习和生活氛围，吃苦在前，享乐在后，把通过自己的努力促进班级发展视为无上荣耀。

（2）用高标准来规范自己的言行，不断提高自控能力，为实现人生宏伟目标奠定良好的意志品质基础。

（3）积极思考，善于创新。在工作实践中发现、探索、总结好的管理办法，为将来步入飞速发展、竞争激烈的现实社会做好充分的能力准备。

（4）合理分配、利用时间，做到工作学习两不误，力争成为品、学、能"三栖"明星，用实力赢得同学们的尊敬和信服，以便更加顺利地开展班级工作。

三、采用多元评价方式，激励队员积极向上

（1）开展两周一次的五星级学生评选活动。

（2）开展每周一次的文明寝室评选活动。

（3）开展学习状元擂台赛活动。

（4）在学期末，个人鉴定试行双向考评。普通同学的鉴定是在班主任的监督下，自管会主席组织部长例会，由七个部长根据同学们平时的表现从七个方面进行综合评价。而各个部长的鉴定由班主任组织全体同学民主评定。

四、创办班级特色杂志，促进班级持续发展

所谓特色杂志，是指栏目的设计紧紧围绕班级的自主建设和同学们的能力发展。

谢谢大家！

"群体式"
班级自主管理模式之岗位培训

　　培养藏族学生的关键能力是开展"群体式"班级自主管理的目的之一。什么思维模式的班主任打造什么性质的班干部队伍，什么性质的班干部队伍决定什么样的班风。"把班级还给学生"，还给的是机会和主体地位，班主任还必须发挥主导作用，通过培训教给学生方法，激发学生在实践中思考和创新。

　　开展"群体式"自主管理，培养学生的关键能力并非一朝一夕之功。在岗位培训的过程中，"既交给任务，又教给方法；既小心扶持，又大胆放手；既热情鼓励，又严格要求；既在培养中使用，又在使用中培养"。这需要班主任付出时间和心血，并且要有足够的耐心，不能只用而不培训。

一、价值引领，对学生进行必要的思想观念的引导

　　思想观念决定个体的工作态度和做事风格。班级个体的思想和行为形成了

特定的班风，班风又将影响和约束班级成员的行为。进行岗位培训，首先要对学生进行必要的思想观念教育。"群体式"自主管理的班级成员必须树立责任意识、服务意识、大局意识、合作意识和感恩意识。

1. 责任意识

所谓责任意识，是指每个成员对自己的集体所应承担的职责、任务和使命的自觉意识。每个学生除了要对自身负责外，还必须对班集体负责，正确处理好自己与他人、集体的关系。中学时期是培养学生责任意识的最好时期，一个有责任感的人也一定是一个自律、自强的人。

2. 服务意识

通过教育，让每个学生都认识到自己要为大家服务、为集体服务。懂得当部长和带头人应严格要求自己，给其他同学发挥好带头作用、模范作用、示范作用，引领大家实现班级共同目标，而不是要当高高在上挥舞指挥棒的"官"。让他们懂得每个人都是通过认真完成每项具体任务、带头做好每件事、通过自己的付出和努力来兑现自己的服务，这样才能赢得大家的认可。

3. 大局意识

培养学生的领导能力要注重培养学生的大局意识。教育学生想问题、办事情要从集体发展的大局出发，不计较个人利益。对于"90后"的独生子女而言，增强大局意识并不是件容易的事。然而，大局意识是未来新西藏建设的主力军必须具备的素养，这就需要班主任借助班级自主管理这一平台，耐心细致地对学生加以引导。

4. 合作意识

团队精神是现代团体"作战"的保证。对于一个团体而言，队员合作的能力影响深远。每一次活动的组织完成不能靠单个学生部长和带头人一己之力，而是需要其他学生鼎力相助、积极合作。作为部长和带头人，必须具备良好的合作精神。

5. 感恩意识

藏族学生能够来内地学习，得益于党的援藏政策。藏族学生在内地学习期间，受到社会各界的关心和帮助。班主任要不失时机地对藏族学生进行感恩教育，培养他们的感恩意识。只有心存感恩意识的人，才能树立服务他人、服务社会的人生观和价值观。

二、陪伴学生，指导完成每一个精彩的"第一次"

人们常说，"万事开头难""好的开端等于成功的一半"。岗位培训也是如此，关键是要引导好每一个"第一次"。例如，学习部的第一份统计表、宣传部的第一期黑板报、体育部的第一场篮球赛、纪律部的第一节晚自习、生活部的第一次订校服、文艺部的第一次才艺秀、宿管部的第一次内务展、专家组的第一节家常课、自管会的第一次周例会，甚至每个学生第一次在全体同学面前发言等，班主任一定要亲力亲为，动足脑筋，帮助他们完成每一个精彩的"第一次"。这有利于增强班干部的自信心，更有利于发挥榜样示范作用，良好的班风往往就是在无数个"第一次"中逐渐形成的。在学生参与班级自主管理的初级阶段，班主任一定要事事关心，殚精竭虑，指导和帮助班级的每个部门顺利完成本部门工作，要精心呵护他们参与班级事务的积极性和自信心，班主任千万不能让学生做力所不能及的事情，更不能把很多事情安排给少数的几个学生，增加少数学生的负担，使其产生畏难情绪和厌烦心理。班主任要陪伴、观察、指导学生完成每一个精彩的"第一次"。第一次开展工作首战告捷，成功的喜悦会增强班干部的信心，还能够树立他们在同学中的威信。无论是信心还是威信，都不是别人给予的，而是自己在实践中感受和树立的，单靠教师的鼓励和宣传都是隔靴搔痒。

三、放手实践，让藏族学生干部"在游泳中学会游泳"

要培养学生的领导能力，就要给学生提供丰富的机会，而且这些机会都跟班集体建设紧密联系在一起，贯穿学习生活的每一个部分。班级就如同一个大家庭，每个人都需要支持这个家庭。这个家庭会提供各种机会，希望学生能够找到适合自己的一种方式来表现自己的才能，同时为班集体贡献自己的一份力量。

站在岸上是永远无法学会游泳的。在学生领导力的培养过程中，只有放手让他们独立开展工作，才能发挥他们的主人翁意识，激发他们潜在的创造性，提高他们的独立思考能力和组织管理能力。其实每个学生都潜藏着组织领导能力，之所以有的学生显示不出来，很重要的原因是没有后盾，唯恐做错了事，自己承担不了责任。班主任要充分尊重和信任学生，给他们做后盾。只有这样，他们才能解除后顾之忧，才敢于放开手脚大胆工作。同时，在学生初次做的事情上，班主任还要做教练和导演；在学生处理比较复杂的问题时，班主任还要做顾问。也就是说，班主任在学生领导力的培养过程中要放手而不撒手。

四、研究问题，引导藏族学生在探索中提高领导力

给各部部长布置简单的课题，让他们研究并写出课题报告，促进学生思考问题、探索解决问题的办法，不仅能提高部长的管理能力，而且对他们的长远发展非常有好处。课题报告无需长篇大论，只是简单的、有针对性的即可。我在英国培训期间，观察到那里的教师给学生布置的作业都是课题研究式的。当然，不同年级布置的内容难易程度不同。我本人也尝试和学生共同成长，所谓用国际视野来引导我的藏族学生。寒假期间，我给各部部长布置的研究课题是《怎样做好本职工作》，题目听着比较大，但要求很简单。我让他们分五个步骤完成：

（1）回忆、思考你在学习中曾经遇到哪些问题和困惑。

（2）带着这些问题和困惑，通过咨询你的家长或任何你认识的教师、输入关键词网上搜索等方式寻找答案，并记录下你得到的所有答案。

（3）整理你的答案，看哪些与你的实际生活相吻合，提取出来，待用。

（4）使用过程中有效的是哪几条、不灵验的是哪几条，如有能力，简单分析不灵验的原因，是同学的问题还是执行问题。

（5）谈谈你对这个过程的个人体会。

任务一布置下去，学生都很激动、很兴奋。但操作时，他们有些应付了事。这是我意料之中的。因为我们的教育有太多的灌输，学生被"喂"习惯了，他们不喜欢探索，觉得自己探索太麻烦，他们喜欢现成的拿来主义，而且拿来后，就连背诵也不喜欢在理解的基础上背，而是喜欢死记硬背。我不怪学生，而是反思自己的教育，沉下心来耐心地引导。我先是给他们讲这样做的好

处，又给他们介绍外国同龄的学生，甚至比他们小的学生都这样做，外国学生比较喜欢自己探索、研究，而不喜欢别人把吃完的饭喂在自己嘴里。

在我的鼓励下，学生完成了各自的课题报告，虽然比较粗糙，但是毕竟叫做课题研究，他们为自己能完成从来没做过的大事而感到无比自豪，有的还打电话向家长炫耀。

五、营造氛围，在良好的师生、生生关系中健康成长

学生领导力的培养离不开班集体的健康舆论。如果班级整体氛围不好，即使学生个人能力比较强，也很难开展工作。他们夹在教师和同学之间，不管的话，对不起信任自己的教师；管的话，可能会失去同学间的友谊。这些远离家乡亲人的住宿生将同学的友谊看得很重。和谐、温馨的班级氛围有利于学生顺利开展工作，况且制度毕竟是靠人去执行的。忽略了情感教育，没有学生的自觉配合，制度再严格也是无用的。在学生领导力的培养过程中要重视同学之间以及师生之间的情感，指导每个岗位的学生尽可能地在各方面关心帮助同学。淡化干部意识，强化服务意识，努力成为同学们最值得尊敬和信赖的人，这样，各部部长在同学中的威信就会逐渐形成。

还有，在班干部责任心偶尔打折扣时，班主任一定要予以理解，并进行耐心地引导、指正，千万不能气急败坏地责备学生，以免伤害师生情感，以至于以后班级出现问题，班干部会和其他同学一起瞒骗教师。班主任平时应该留心观察班干部的情绪波动，当学生遇到管理难题，班主任要及时跟进。一方面鼓励学生积极思考解决策略；另一方面，班主任要承担责任，做学生的坚强后盾，既不要让学生产生依赖性，更不能有无助感或不被人理解的失落感。

中学生心智尚未成熟，做班干部在初期源于好胜心或者好奇心，但后来就变成为教师而做。这种心理现象在藏族学生中表现得更为明显，他们喜欢哪个教师就非常努力地学这个教师教的学科；认可哪个教师，就愿意为这个教师做事。和谐的师生关系、良好的师生情感在内地西藏班（初中）班干部培养过程中非常重要。经常和班干部聊天，谈论他们喜欢的话题。比如，NBA赛事、NBA球星的近况；藏族的民俗、好吃的饮食、生活习惯等。关心部长的学业成

绩，让部长们感受到教师的关怀，他们一定会把班级的事当作自己的事，责任意识逐渐形成，慢慢内化。

实践结果表明，上述培养藏族学生领导力的策略保证了全体藏族学生为班级服务、在班级中发展的机会，促进了藏族学生良好个性的发展。学生的民主意识、参与意识、责任意识、服务意识得到了增强，组织能力、协调能力、领导能力得到了提升，并且提高了班级管理效能。学生的自我管理能力和班级健康向上的风貌得到了各方面的充分肯定，班级在完成教育、教学目标的评价中体现出明显的优势。

附：

例1：部长例会

"群体式"班级自主管理是以部为单位开展各项管理活动的。自管会由主席、副主席和各部部长组成，每周由主席召集组织开一次例会，总结上周工作，议定下周计划。那么，怎样开展班级部长例会呢？

首先，制度要严格。任何管理模式的运作都必须有一套相应的制度做保障。要制定例会制度，在制度确定后，不管遇到什么困难，都必须严格遵照执行。这么做是用行动告诉学生，在管理规则中最重要的是"言必行，行必果"。

其次，目标要明确。针对性决定实效性。要使部长例会不流于形式，会议的目标一定要明确。一般来说，会议首先要讨论、分析、解决一周以来班级中出现的比较突出的问题，议定下周班级的周目标。然后，落实学校布置的任务。这些都让学生自己去讨论、分析、思考。教师只是把握方向，必要时给予恰当的指导或者说是引导和建议。这就要求各部长平日里注意观察，发现问题，思考对策，在周六前梳理出一周的问题和自己的见解，在周日例会上简明扼要、重点突出地叙述呈现。这样，各部长的工作思路就比较清晰，同时让他们在带着问题去工作，在解决问题的过程中提高关键能力。而班主任要做好领路人，就必须了解班级情况。了解班级、把握方向的主要抓手，一是凭借自己的观察，二是翻阅班级日志。因此，一定要鼓励和引导学生认真填写班级日志。

另外，形式要灵活。每周一次的部长例会必须严格执行，这可能吗？只要变变形式，这个问题就解决了。教师在亲自参加部长例会时，用听会的形式监督会议的效果，当教师分不开身不能参加时，可以用读会的方式，就是让自管会主席详细记录会议内容，会后交给教师，这样也可以起到非常好的监督作用。

召开部长例会的主要意图如下：

根据本周的情况反馈，共同制定下周的班级重点工作。所谓重点工作，就要条目少，而且要切入班级亟需解决的一两个问题。

听各部长的总结报告，共同帮助修改、补充、润色，并鼓励部长脱稿，用汉语试讲，以达到他们在班级同学面前总结时有精彩的表现，增强自信心，提高部长的语言表达能力，树立部长在同学中的威信，凝聚团队精神。另外，青少年都是在表演和观看表演中成长起来的，部长们的精彩表现不仅能够增强自身的信心，还能起到榜样示范作用，让接下来轮换上岗的新部长们跃跃欲试。

每周五班会课，各部长分别对本部一周的工作，包括取得的进步、存在的不足进行总结、分析，提出解决问题的建议或方案。

同时设立值日班长，全班同学每人一天按学号顺序轮流担任。值日班长不参与管理，只是以观察员身份详细记录一天中班级的一切事情与学校要闻，并以文字的形式发表自己的见解，培养学生的观察能力、思考习惯、表达能力、集体责任感。

例2：劳动部的第一次大扫除

先明确教室卫生包括哪些方面的任务、每个方面的打扫要达到什么标准，然后任务分工具体到人，预计完成大扫除需要的时间。在规定时间内，卫生部检查任务的达成度，并填写评价表，在全班对此次活动进行评价总结。

这样的一次大扫除活动等于为今后的班级教室卫生工作制作了一个模板，

"有'法'可依，执'法'公平，评价激励"的管理理念为卫生部的成员打开了工作局面，实现了规则育人。

第一次大扫除，班主任全程陪伴、指导卫生部执行此项活动。班主任在活动之前邀请卫生部四位成员讨论制定教室大扫除的内容、标准和评价表。班主任要在活动结束后对卫生部长进行一对一培训，评价总结发言，在班级学生面前第一次精彩亮相。这有利于增强学生参与班级活动实践的自信心和积极性，有利于树立部长在同学中的威信。无论是信心还是威信，都不是别人给予的，而是自己在实践中感受和树立的，教师要搭建平台、幕后支持、精心打造，让每个学生在每一次展示中发现自己的价值，激发成长自觉。部长精彩的表现更有利于发挥榜样示范作用。

"群体式"
班级自主管理模式之文化育人

　　很多班主任在开展班级自主管理时，常常遇到这样的困惑：为什么班级岗位分工明确，学生却难以执行？

　　创建班级文化，唤醒学生沉睡的自我意识、责任意识，激励自我价值感，是解决这个问题最有效的途径。

　　良好的班级文化需要用心经营。自2009年起，我开始创建"鸿雁"班级品牌文化。历时十二年，经过四届带班实践的经营和传承，"鸿雁"文化已经产生了品牌效应，提高了建班育人的实效，形成了一定的影响力。

　　现代管理学认为，文化是一种通过一系列活动主动塑造的文化形态，当这种文化被建立起来后，会成为塑造集体内部成员行为和关系的规范，是集体内部所有人共同遵循的价值观，对维系集体成员的统一性和凝聚力起着很大作用。

余秋雨把文化界定为人的精神价值和生活方式，最终积淀成品格。

班级文化是班级全体师生共同创造的文化环境、行为方式和班级精神，是一个班级的本质、特色和精神面貌的集中反映。

一、创建班级文化的意义

有些班主任会遇到这样的困惑：班级刚刚组建时期，班主任还能管得住学生，班级管理的方方面面还算得心应手。但是渐渐地，班风、学风和人际关系越来越不尽如人意。后来越管越散、越治越乱的局面就很难转变了。著名教育学家王晓春指出："很多班主任专业水平长期得不到提高的重要原因是班主任工作日常管理化了，用管理替代了教育，有管理，无文化。班主任工作的本质并不是管住学生，而是通过创设一个微型的（班级）文化生态环境，培养全面发展的人。"

其实，班风、学风和人际关系都隶属于班级文化建设的范畴。关于班级文化的影响力，有人曾形象地把班级比作泡菜坛，把班级文化比作泡菜水，泡菜水的调制决定着泡菜的味道。

班级文化具有自发性。任何一个班级群体总会形成自己的班级文化，差别在于这种文化是自然形成的还是主动创建的。自然形成的班级文化可能是积极正面的，也可能是消极负面的。

在建班之初，班主任忽略了班级文化建设，不良的班级文化有机可乘，悄然形成。班级文化具有稳定性，无论优劣，一旦形成，都会在一定时期内对班级成员产生影响。加强班级文化建设才是从根本上解决上述问题的有效路径。

二、班级品牌文化的创建

由一个个家庭背景不同、受教育基础不同、性格各异的个体组成的群体能否成为一个有着共同价值追求的班集体，取决于班级文化的建设质量和利用效率。

（一）班级品牌文化建设的整体构思

班级文化包括精神文化、物质文化和制度文化。精神文化是核心和灵魂，物质文化是基础，制度文化是关键。

创建有内涵、有激励作用的班级精神文化，以精神文化引领班级正确的舆论导向。

创建可操作、可量化的班级制度文化，以制度来培养学生的规则意识，规范学生的行为。

打造净化、美化、知识化的教室环境，营造和谐互助的班级人际关系环境，美化学生的心灵，影响学生的行为。

设计并开展有针对性的系列活动，使班级文化不流于形式，入脑、入心，落地生根。

（二）班级精神文化的创建

精神文化是核心和灵魂，打造班级品牌，首先要精心设计班级精神文化。

步骤1：班主任根据国家教育目标和人才发展目标，结合班级生源的实际情况预设班集体建设目标和学生整体发展目标。

步骤2：班主任组织学生讨论班集体建设目标和学生整体发展目标，提炼出代表班级精神和班级灵魂的班名和班训。

步骤3：鼓励发动全体学生围绕班级名称和班训，设计班训、班徽、班歌、班级座右铭、班级口号等一系列精神文化的品牌元素。

"鸿雁"班的精神文化如下：

上海市共康中学内地西藏班（初中）是藏族学生通过西藏自治区小升初统一考试，百里挑一选送的，都是西藏同龄孩子中的佼佼者。基于此，我把学生定位为精英，把班级定位为精英训练营，着力培养有爱国心、感恩心、责任心、自信心、上进心的"五心"好少年。

新生入学，总是对跟班主任的初次见面充满各种想象。而我总是以西点军校教官的口吻，充满激情地开始我的演讲：

"同学们，上海市共康中学以其资源优势，成为西藏学生、家长的首选。你们能够来到上海，进入共康中学是非常幸运的。但是被分到吴老师的班级，却是不幸的。因为我这里不是一个简简单单的班级，而是一个精英训练营。在这里，优秀将成为你们的习惯，从这间教室走出去的都将是未来的巨人！"

我看到学生们在座位上坐直了身子，昂起了头，一双双闪闪发亮的小眼睛注视着我，认真地倾听着我对他们的期待。从学生兴奋的神情中，看得出他们一定在心中勾画着自己的美好未来，也一定在猜想着精英训练营到底是个什么样子。

于是，我更加激情澎湃："作为班主任——新组建的大家庭的家长，我要告诉你们：青春是一面旗帜，只有在活力的风中才能尽情地舞动。青春没有界限，也没有极限，青春的意义不是年轻，那是一种对生命投入的理解。青春意味着代价，只有付出才能得到。在这里，你们会很辛苦，你们不仅要学会学习，还要学会做事、学会合作、学会生存。我会设计丰富多彩的活动，锻炼你们的能力，训练你们的精英品质。我们实施'群体式'自主管理，每个人都会公平公正地获得实践、锻炼和展示的机会。不过，请铭记：命运掌握在自己手里！"

"你们要把握每次锻炼的机会，多做事，增加经验；充分利用课余时间多读书，增添智慧；每晚临睡之前多思考，回顾你一天中每个精彩的瞬间。"

"你们是通过小升初测试，千里挑一选拔来的家乡同龄人中的佼佼者，你们离精英只有一步之遥，请大家参照精英少年的十大素质来修炼自己，不久的将来，你就是精英！"

"精英少年应该具备的十大品质：担当责任、信念坚定、勇于挑战、意志顽强、尊重他人、兴趣浓厚、强烈自信、体魄强健、合作共享、追求卓越。"

"这里将成为你们的第二故乡，这里必将是你们放飞梦想的地方。你们将舍弃'饭来张口、衣来伸手'的舒适生活和对亲人的无比眷恋，内心装着坚定的信念——刻苦学习，掌握本领，建设家乡！"

显然，每个学生都成为精英，都成为未来的巨人似乎不大可能，但这并不重要，重要的是以培养精英为教育目标，以真正有高度的期望激励学生，教育他们成为最有价值的年轻人。我要让学生感受到我对他们很有信心，他们一定能够迸发出无穷的、积极进取的强大动力。

在确定了班级发展目标及学生成长目标以后，经过全体师生反复讨论斟酌，从中凝练出班级名称和班训：

（1）班级名称：鸿雁，寓意着有鸿鹄之志的大雁。鸿鹄之志是指报效祖国、建设家乡；大雁代表团队精神、团结互助、共同发展。

（2）班训：感恩担当、绅士优雅、善思会学。

接下来，鼓励发动全班学生围绕班级名称和班训，设计了一系列精神文化标识：

（1）班徽：班徽图案的结构对应"鸿"字的左中右结构，左边三根漂亮的羽毛是左偏旁三点水，中间的图案是"工"，右边的图案是大雁的头，合起来就是非常形象的"鸿雁"。

这是丹增朗杰同学的创意。

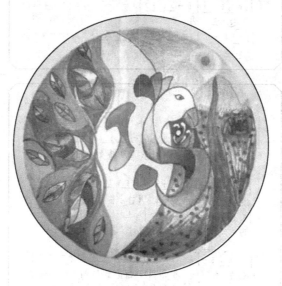

班徽之"鸿雁"

（2）口号：一家人、一个梦、一起拼、一定赢！

（3）班级宣言：班不在大，有学则名；学不在广，有思则灵。斯是班级，惟学方兴。学养上心静，书卷入眼明。无俗声之入耳，无因循之劳形。学习型班级，研究型师风。试问：何所不能？！

（4）班歌。借用《鸿雁》这首歌的曲子，学生填词而成。

《鸿雁》曲谱

（5）座右铭："这里是精英训练营，从这间教室里走出去的都将是未来的巨人！""优秀是我们的习惯！""命运掌握在自己手里！""玉不琢，不成器！""聚是一团火，散作满天星！"

（6）班服：学生和家长合作定制的。

我们还设计了鸿雁班级文稿纸，专门用于保存班级纸质文档。

其实，班级文化标识可以是教师设计，也可以请广告公司设计，还可以从网上购买服务。但是，学生自己设计得更亲切、更自豪。在设计过程中，学生对班级精神文化有了更深刻的解读，更深入的领会，从而更热爱自己的班级。这份爱能够把性格各异的学生凝聚起来，优化了班级人际关系，文化的作用在寓教于乐的过程中发生了潜移默化的特殊功效。

（三）班级制度文化的创建

班级制度文化规定了全体学生共同学习活动中应当遵循的行为准则。要把班级所倡导的理念融入班级管理的全过程，变成全体学生的自觉行动，制度就成了最好的载体。

班级的日常事务由全体学生共同参与、自主管理。在班集体中，每个人都有一个岗位，都要担当一份责任。岗位不是官位。岗位没用大小、主次之分，每个岗位都很重要。无论你承担哪个岗位，都不是因为你比别人优秀，而是你比别人更适合这个岗位。在岗位上履行职责时，角色是管理者，而对于其他岗位，角色自然转换为被管理者。每个人既是管理者，又是被管理者，班级的人际关系是平等的。

鸿雁班的制度文化如下：

为增强班级管理的科学性、规范性和实效性，必须制定适合班情学情的班级制度。

"群体式"班级自主管理是在班主任的指导下，通过班级自主管理委员会（简称自管会）实施扁平化管理。自管会由各部部长组成。班规由各部的规章制度汇总而成。各个部成员根据岗位职责讨论制定有针对性、实用性的规则。班主任组织全班学生逐条讨论，征求修改建议。全体一致通过后，开始实施。班规要根据班级的发展变化，每学期修改完善一次。

鸿雁班规45条

1. 排队不能大声讲话，要快、静、齐。不能迟到，不给别人添麻烦。如有特殊情况，须向体育部请假。

2. 早锻炼时，所有人必须参加跑步，认真锻炼。如有特殊情况，需医务室教师出具证明。

3. 在体育活动时要穿运动服，活动结束后马上换班服或校服，佩戴好红领巾。

4. 晚上过马路时不能奔跑，安全第一。

5. 不管遇到什么情况，都不能顶撞体育部的任何成员，可以向教师汇报或同学间冷静沟通。

——体育部

6. 按时吃饭就餐，一日三餐不缺席。

7. 不可浪费，不能挑食。

8. 就餐时不可大声喧哗。

9. 不可以洒汤汁或掉米粒在桌子上。

10. 餐后桌洞里临时放的东西带走，不可遗留物品。

11. 书桌摆整齐，不在座位周围乱放东西。在离开教室时，不要在桌面上或地面上放书等杂物，保持桌面和地面整洁，并将椅子推进桌子内。

12. 班级的花草植物，除专门负责护理的四位同学，其他同学不得乱动。

13. 生活部提前通知第二天要穿哪一套校服或班服，不可以穿自己的便服。

14. 除体育活动课外，其余任何情况都需佩戴红领巾，红领巾不能用于玩耍。

15. 白板笔用完后放回原处，毛巾抹布叠好。

——生活部

16. 上自修不能迟到、不能请假，当遇到特殊情况时，需提前向纪律部成员提前说明。

17. 自修期间不能讲话、不能问问题，如有问题，下课后在课间讨论。

18. 自修期间必须认真完成作业，不得做与学习无关的事，不得看课外书（星期天可以）。

19. 自修课上不能随意离开座位，不能走出教室

20. 教师安排在自修的默写，不能扰乱自修纪律，否则立刻停止默写。

——纪律部

21. 不能将零食带入教室，包括饮料或牛奶。

22. 值日生要按时有效率地在规定时间内完成值日，不拖拉。

23. 垃圾分类要分好。

24. 不能乱扔垃圾，不能以投篮的方式往垃圾箱里投垃圾。

25. 不能损坏公共物品，如拖把、扫把等。

——劳动部

26. 早读、午休不能迟到，当遇到特殊情况，要向学习部负责的同学说明。

27. 早读、午休不能讲话，不能问问题，以免影响他人学习。

28. 早读、午休不能离开自己的位置。

29. 午休要安静，不得走出教室，如有教师约谈，要提前告知。

30. 早读、午休不能写作业、交作业，早读不允许看与早读科目无关的书。

——学习部

31. 晚上9：20必须上床，9：30保持安静，由寝室长监督。

32. 早上宿舍值日，要将地面打扫干净、拖干净。

33. 早上6：15之前必须下楼背书。

34. 衣柜、鞋柜、食品柜、行李柜整理好，每周检查一次。

35. 宿舍成员之间相互帮助，优势互补，不能出现打闹的现象。

——宿管部

36. 在节目排练时，全体同学都要积极配合，认真对待。

37. 不顶撞文艺部成员，有问题允许向文艺部长沟通说明。

38. 在唱歌跳舞时融入自己的真实情感。

39. 在排练厅排练时爱护设备。

40. 在文艺排练时要严肃，但面部肌肉要放松，态度要认真。

——文艺部

41. 黑板报按寝室轮流设计制作，在规定时间内完成，不拖拉。在板报制作完成后，将制作板报的工具材料整理好。

42. 不能乱碰宣传栏和墙壁字画。

43. 班级日志按学号每天认真书写并按时上交。

44. 每次活动后，被安排书写活动简讯的小组同学按要求、按时完成。

45. 摄像小组的同学要及时上传图片和视频材料，以便宣传部整理。

——宣传部

（四）班级物质文化的创建

班级物质文化主要指教室环境和师生仪表。物质文化对学生的影响不同于正面灌输，它具有一种特有的教育力量，它所形成的一种"社会心理动力场"能够产生一种无形的影响力，陶冶着学生的情操，塑造着学生的品格。

中国著名教育学家、上海东方世纪学校总校长冯恩洪曾说："环境是一种教育力量。我可以叫我的学生不随地吐痰，这是一种教育，但是我还应该创造一种环境和气氛，使学生不好意思随地吐痰，这是一种更高层次的教育。"

教室必须干净整洁，课桌椅的摆放必须做到"横看成岭侧成峰"。黑板报和墙报的编辑不局限于个别学生，而是通过学生小组轮流承办，承办的小组成员分工合作。

三、班级品牌文化的经营

实践证明，班级文化不仅需要建设，更需要用心经营，这样才能促进各层面的文化和谐统一、相互渗透，构成多层次的生态系统。如果班级文化没有发挥良好的育人功能，那么问题一定是班级文化疏于经营而流于形式导致的，班级口号标语上墙没入心。班级文化要内化于心、外现于行。经营的载体是有针对性的丰富多彩的活动。

我们利用每周一次的班会课，借助班级优化大师等智能班级管理软件，创新班级文化宣传载体等方式，开展系列活动。

1. 主题教育活动

主题教育活动是班集体建设必不可少的精神食粮。我们形成了两个系列的主题教育课：一个是"团结与合作"系列主题教育课，包括《热爱集体共成长》《集体荣誉共维护》《合作学习共提高》；另一个是"感恩与责任"系列主题教育课，包括《感恩父母》《感恩同伴》《感恩老师》《感恩社会》《感恩学校》。在活动中培养了学生们团结互助的精神品质和感恩担当的责任意识。

班主任要把精神文化的内涵深入浅出地向学生解释清楚，让每个学生从中深刻领悟班主任的育人目标、班集体的建设目标，激发成长自觉，制定个人成长目标；组织学生以小组为单位，以"头脑风暴"的形式展开讨论，提出合理化建议，完善制度，让班级制度被学生认可，主动接受制度的约束，不断完善自己；组织开展班级制度竞赛活动，强化学生对班级制度的记忆；组织开展主题辩论会，促进学生对班级文化的深入理解；组织开展"班训引领我成长"的主题演讲赛，促进全班学生进一步深入领会班训，激发学生认真践行班训精神，培养其追求理想的豪气、发奋读书的志气、敢于成功的勇气、感恩成长的正气。

2. 书写班级日志

每个学生按照学号顺序书写班级日志，每人一天，每月一次，以此记录班级发展史、个体成长足迹，促进学生自我教育，导向正确价值观。

3. 经营班级人际环境

（1）班级亲子活动。举行每月一次的集体生日，让学生感受到家的归属感，活动当天拍一张集体照，每月一张的"全家福"记录了他们渐渐长大的模样；每学期一场才艺秀活动，张扬了学生的个性，施展了学生的才华，释放了学业压力。

（2）社交体育活动。以关注每一个学生的健康成长为第一要素，利用大课间、活动课，有组织地开展跳长绳、踢足球和打篮球等体育活动，从而达到强身健体的目的。这样的集体项目能有效地激发和调动每个成员参与班级活动的积极性和主动性，培养规则意识，凝聚班级精神，使班级全体成员以高昂的情绪和奋发进取的精神积极投入到学习和生活中。

（3）文艺娱乐活动。开展丰富多彩的文艺、娱乐和亲子活动，使之常态化、序列化，让每一次富有亲情和温度的班级活动都在学生的生命中留下一段难忘的回忆。比如，组建全员参与的班级合唱团，在学校的文艺活动和校外的公益活动中，用歌声给自己、同伴和他人带来美的享受。

四、班级品牌文化的传承

一个学校的生源情况基本上是稳定的，班级文化也是可以继承并发扬的。

1. 班级名称的传承

班级名称由原来的"鸿雁"改进为"鸿雁+入学年份"。于是就有了"鸿雁2009""鸿雁2015""鸿雁2017"和"鸿雁2019"。这些学生毕业后，只要说到"鸿雁"，就知道是一师之徒，是师兄弟，就会有关于班级文化的共同话题。班级优秀文化在一届届学生的传承中给学生带来了自豪感、归属感，形成了内地西藏班（初中）的班级品牌。

2. 收集有传承价值的珍贵资料

班主任要做一个有心人，平时留心记录、保存自己所带班级中取得的成绩和荣誉以及背后的故事，收集具有榜样激励作用的学生成长励志故事以及学生创作的优秀作品，编辑整理班级日志、班级文集。这些资料之所以珍贵，是因为它记录的都是"鸿雁"文化塑造的优秀的人和真实的事，就在学生身边，看得见、值得信，便于效仿。

3. 班级文化的传承方式方法

教师讲述鸿雁班级的励志故事。每次新生入学，我都会给他们讲述往届鸿雁班的"丰功伟绩"及学长们的"英雄事迹"。比如，鸿雁2009怎样荣获上海市红旗中队，鸿雁2017怎样荣获上海市优秀中队。再如，鸿雁2009的学姐成长为学校大队主席，鸿雁2015的学长从一名学困生成长为超级学霸，鸿雁2017的学长——丹增扎西哥哥竞选为学校大队主席兼任学校工作组组长，等等。

学长驾到，现身说法。学生看望教师，先留一个作业，布置一项任务。班级故事、个人故事，学生口述比教师讲更有感染力。

在前辈真实生动的事迹中，新一届学生燃起了对"鸿雁"这个大家族的自豪感和使命感。为了传承"鸿雁"的光荣传统，班级每个成员都以精英的标准严格要求自己、历练自己，不忘初心、不辱使命的进取心和责任感油然而生。就这样，鸿雁班级精神文化在一届届的鸿雁班学生中传承发扬。

五、班级品牌文化的成效

1. 班级物质文化——温馨的物资环境优化了学生的行为

教室是学生生活和学习的外部文化环境，从一个方面体现着一个班级的精神风貌。教室环境的状况直接影响学生的情绪。净化、美化、知识化的教室环境能够潜移默化地暗示学生，使之表现出良好的行为。于是，我要求教室必须干净整洁。黑板报和墙报的编辑不局限于个别学生，而是通过学生小组轮流承办，承办的小组成员分工合作，让每个学生都有参与的机会。学生们对自己动手营造的优美环境也会倍加珍惜。

2. 班级制度文化——科学的制度文化培养了学生的规则意识

班级的日常事务由全体学生共同参与，在民主、平等的集体氛围中，培养学生"自由之人格，独立之精神"。

3. 班级精神文化——健康的精神环境塑造了学生的品格

班级精神文化作为一种隐性的教育力量，是班级的灵魂所在，对于集体成员的思想和行为具有凝聚、约束、鼓舞和同化作用。班主任要努力使班级不单单是学生学习的场所，更是学生心灵和精神寄托与成长的家园。

4. 班级特色文化——独特的文化环境滋养了学生的心性

每次接手新班，我都首先向全班学生宣读班集体建设规划，然后启发学生制定个人成长规划，分组讨论班级名称、名称的内涵、班级精神口号、班训、班歌。这样，学生们很快就有了归属感。随着班级特色文化在学生们的奇思妙想中逐一出台，每个学生都感受到了自己班级的与众不同，自豪感、幸福感油然而生，最终进入为终身发展而不断自我完善的人生轨道。

"群体式"
班级自主管理模式之活动育人

　　"群体式"自主管理模式的班级活动实行承办制，活动主要由文艺部和体育部承办，学生以群体为单位参与活动。

　　没有什么比音乐和体育更能够凝聚团队精神的了，没有什么比阅读更能启迪人生智慧的了。

　　目前，实验班已经形成了"感恩教育""团队合作"两个系列的主题教育活动以及"社交体育""合唱公益"和"读万卷书"三个系列的班级特色团建活动。

　　德育发展理论认为，个体思想道德水平的发展是其在与周围环境积极的相互作用中通过主体的活动实现的。活动是德育课程实施的主要载体，也是学生主体性生成和发展的源泉。引导学生通过直接参与各种实践活动，与周围的自然、社会进行接触，才能使学生在真实的体验中积累经验的智慧，获得对自我、对世界、对生命和生活的认识和理解，发展各种能力，促进道德的发展。

内地西藏班（初中）学生不仅面临青春期成长的困惑，还要面对生活环境的不适应，承担着比同龄人更高的期望、更重的责任与压力，更加需要寓教于活动之中的浸润式的、充满智慧的隐性教育。只有这样，才能更加适合他们的年龄和心理特点，才能更具教育实效。

在工作中，同行们遇到的困惑很多、很复杂。比如：如何树立良好的班风学风？我感到在初中阶段，如果通过恰当的活动方式，教育中许多看似棘手的问题都会变得相对简单。尤其是对于简单、纯朴、热爱生活、热爱大自然的藏族学生来说，活动育人更能凸显神奇的效果。

从2015年至今，实施"群体式"班级自主管理的鸿雁班形成了"感恩教育""团队合作"等两个系列的主题教育活动以及"社交体育""合唱公益"和"读万卷书"等三个系列的班级特色团建活动。

一、感恩教育课例

"感恩父母"教学设计

（一）教育背景

内地西藏班（初中）学生正处于青春叛逆期，他们常年住校，和父母的沟通时间较少，仅仅通过放学后的电话与父母联系。家长常常向班主任反映：孩子跟父母通电话时表现出不耐烦，对父母的叮嘱敷衍了事，有时还让室友谎称不在宿舍或者去洗澡了等不接父母电话。在此背景下，召开主题班会，教育、引导学生与父母真诚地沟通，让学生感受跨越时空的父母之爱，懂得以力所能及的方式感恩父母。

家长与孩子的关系融洽有利于开展家班共育，提高育人实效。

（二）教育目标

（1）让学生认识生命来之不易，在活动中激发感念父母的情感。

（2）通过合照，怀念与父母共度的美好时光，激发对父母的思念之情。

（3）培养学生关爱父母，"感恩生命、担负责任"的情感。

（三）活动准备

每位学生准备一张自己与父母的合照。

向家长说明开展本次主题班会的意图，邀请每位家长给孩子写一封信以表达对孩子未来发展的期许。

（四）实施过程

环节一：认识生命，激发感情

播放生命的来源故事《我从哪里来》。

导入：你们喜欢听故事吗？在听了生命来源的故事后，你想说些什么？

设计意图：中学生在世界观的形成中往往更多地关注了自我，有时会觉得父母有些啰嗦，聆听生命起源、直面家长的牵挂会让学生回归本源。

环节二：回顾成长，怀念美好

问题1：分享一张自己成长中与父母的合照，说说当时的场景与心情。

预设：在家中的合照，在游乐园、动物园等室外的合照……

问题2：拍合照的那一年，你和父母共同经历了哪些让你难忘的事情？

预设：第一次到上海；那一年，家里多了一位成员（弟弟、妹妹）……

问题3：请用一句话来描述父母给你带来的感受。

预设：父母让我很安心；让我觉得有依靠；给我指明了方向……

教师提炼：父母的爱是无形的，总会在你身边陪伴着你。

设计意图：考虑到民族班学生长时间住校，每年回家的时间较短。翻阅照片可以让学生回忆起与父母共同相处的美好时光，激发学生对父母的思念之情。

环节三：播放龚玥演唱的《献给妈妈的歌》，阅读父母的一封家书

问题：在你看来，父母对你有怎样的期许？

预设：父母希望我考上××学校，但是我想考××学校；父母希望我不要打游戏，而是好好学习……

师：爸爸妈妈很挂念远在上海的你们，读了爸爸妈妈的信，你们想对他们说些什么吗？

教师提炼：父母的言行饱含着对孩子深深的爱，从一封家书中感受到了父母对孩子的挂念，同时也为环节四的教育做好铺垫。

环节四：认识责任，践行担当

问题：在当下如何成为更好的自己？

预设：对自己负责，多复习，认真上课，尽己所能考一所好一点的高中……

教师提炼：其实，父母对孩子的爱非常单纯，就是希望孩子快乐成长。但是他们又盼望着孩子能担负起自己身上的责任，在离开父母的日子里能自主自立，能对自己负责。

设计意图：在升学话题中，对比家长与学生的认识，引导学生感受父母之爱体现在希望孩子能有更好的未来。由此引发学生反思自己的行为，提升自己的责任感。

环节五：畅想未来，感恩父母

问题：除了努力学习之外，还有什么方式可以感恩你的父母？

预设：给父母写信表达自己的感恩之情，回家后替父母分担家务……

教师提炼：感恩父母的方式有很多，关键在于心中是否会惦记父母为自己的付出，由此心生感恩之情。

设计意图：通过畅想未来，帮助学生思考通过哪些具体的行为感恩父母，可以让感恩父母深入到行动中，而不流于表面形式。

环节六：教师总结

在本课中，我们回顾了自己的成长之路有父母相伴。在升学过程中，父母也会为我们点亮一盏明灯。关键在于我们要对自己负责，尽己所能地成为更好的自己，这才是对父母最大的感恩。怀着感恩的情，才知道父母的艰辛；怀着感恩的心，才知道生命的意义。让我们一起对着镜头，向远方的爸爸妈妈送上一首歌（合唱《献给妈妈的歌》）。

设计意图：回顾整个教学过程，提炼教育的核心思想：对自己负责，尽己所能成为更好的自己，这才是对父母最大的感恩。引导学生关注父母的言行，感恩与责任随行，学生才会更有责任意识，生活才更有意义。

"感恩同伴"教学设计

（一）教育背景

住宿制的藏族学生朝夕相处，同伴间的关系不仅主宰着每个学生的喜怒哀乐，也是影响学生学业发展的催化剂。他们需要同伴的友谊、信任和帮助。伙伴可以成为彼此倾诉的对象，可以在学习上互帮互助、互相提升，良好的同伴关系从欣赏彼此、感恩彼此开始。

（二）教育目标

（1）让学生感受到新环境下需要同伴间的相互帮助。

（2）感恩同伴的付出，勇于表达对同伴的谢意，增进同伴间的深厚情感。

（3）学会在日常生活中给予同伴帮助，践行感恩行动。

（三）活动准备

（1）收集同伴间互帮互助的感动故事。

（2）准备合唱歌曲。

（四）实施过程

环节一：

引入：对学生从入校以来对周围人、事、物的一些客观感受进行了解剖析。

提问：请大家谈一下自己来到新学校的感受。

设计意图：让大家表达目前最真实的感受，体会同伴在集体生活中的重要性。

环节二：

场景回忆：分享同伴间互帮互助的感动故事，同伴对于你的信任、关心、约束、请求等等。

教师引导：因为同伴是我们每天接触最多的人，很多事情需要同伴的帮助或者需要大家一起协同合作，所以与同伴友好相处很重要。

设计意图：让每位学生把自己平时相处时的点滴回忆起来，虽然很多事被忽略了，却能够唤起每个人心里最珍贵的回忆，回顾同伴给予的帮助，激发对同伴的感恩之情，体会感恩的必要性。

环节三：

畅想未来（略）。

教师提问：同伴是一种心灵寄托，是在低谷期一起努力的支柱，是一起享受奋斗果实的战友。在初中阶段，同伴要朝夕相处三年。今后，我们要怎样与同伴相处才能使初中生活收获更多、幸福更多？

教师引导：同伴之间也许一开始会有摩擦，甚至有时候也会有争吵，但是随着时间的推移，一定可以发现你们之间有合作、有欢笑，也有深厚的情感，感情在这个过程中得到升华。我们应该以正面积极的态度对待我们的同伴。

让我们共同唱响《朋友》这首歌。

环节四：总结拓展

总结：同伴是指引我们前进的最佳人选。无论大家中考结束后去向何方，都要记得定期和自己初中的同伴保持联系。

拓展：大家给自己的好伙伴写一封信，感谢他（她）对你的帮助和关心，同时约你的好伙伴共同制定接下来的成长规划。

"感恩老师"教学设计

（一）教育背景

感恩是中华民族的传统美德，是当代中学生思想道德素质的重要组成部分。他们肩负着国家责任的使命，在家庭、学校、社会的支持下，一步步地提高自己的精神文化水平，这既要感恩于我们的社会、感恩于我们的父母，也要感恩于老师，这是一种责任。在初中阶段，我们需要帮助学生加强感恩与责任意识教育，让学生们拥有坚强的意志品质，懂得感恩的美好品德。

相较于普通初一学生，民族班的学生们初来上海，长期住校，几乎和老师们形影不离，在生活中被老师们无微不至地关怀着。经过一段时间的相处，学生已然可以体会到老师们方方面面的陪伴和照顾，对老师们也更加亲切和爱戴。我们要适时引导学生反观自己的行为，做好自我管理，表达对老师的感恩之情。

（二）教育目标

（1）让学生认识到老师对他们的关爱。

（2）激发学生做好自我管理，表达对老师的感恩之情。

（三）活动准备

（1）制作初中以来的照片和视频合集。

（2）PPT制作。

（四）实施过程

环节一：明白师恩，激发感情

（1）观看自进入初中以来的照片和视频合集，重温与老师和伙伴们一起度过的美好时光。

（2）自进入初中以来，你和老师们共同经历了哪些让你难忘的事情？在这段时间里，教师是如何照顾和陪伴大家的？

学生个别回答，并交流自己的感受。

教师提炼：老师们的爱无微不至，如同父母一般时刻萦绕在我们的周围。

设计意图：用以前的视频和照片引发民族班学生初到上海时的回忆，让他们重温当时的青涩、快乐和感动，回忆与老师们一起经历过的点滴，感受老师们对学生诸多的付出与不易，激发学生对老师的感恩之情。

环节二：走近老师，学会理解

教师：与老师们相处的日子已过了数月，也看到了老师们的诸多不易和辛苦，你认为自己怎样做才算是在回报老师？

学生讨论交流。

教师：你认为老师们可能对你有怎样的期许。

学生分享个人见解。

播放视频：身边的老师对孩子们的期许。

请学生们谈谈看完视频之后的感受。

教师：在忙碌的学习之余，面对老师们教学、管理班级的双重压力，你们又可以怎样关爱老师们呢？

教师提炼：老师们对学生的期许非常简单，就是希望你们能成长为更好的自己。

设计意图：引导学生了解老师们对他们的期许，并与自己所猜测的进行对比，更直观地感受老师们对他们的关爱。反思自己的行为，落实于日常行为之中，引发感恩之情，指导他们的行为。

环节三：**感恩老师，我们在行动**

（1）出示故事。

小文经常在作业方面拖拉，在住宿时不愿意劳动，经常和同学发生矛盾。老师因此经常关心他是否在学习或生活上有困难，并利用自己的时间帮助小文梳理知识，帮助他处理和同学的关系，但是小文依然无动于衷。

（2）教师：对于小文这样的学习和生活习惯，你们有什么想对他说的吗？

（3）位置互换：如果你是小文，看到老师们不仅要关心其他同学，还要为你一个人操劳，你会怎么做呢？请和另一个同学讨论从哪些方面可以帮助小文制订计划，更好地实现自我管理。

（4）学生讨论其中一个方面，自由组合，讨论出具体可行的措施。

小结：你们对小文说的话都很有道理，制定的方案也有可行性。在生活上，我们可以实行寝室条例，自我约束；在学习上，我们可以制作个性化的表格，进行自我评价；在劳动上，我们也可以去食堂义务洗碗，帮助老师打扫办公室。相信我们班不会有"小文"，大家都会体谅老师。

教师提炼：我们在平时的生活中要感念老师，多多理解和体谅老师。在多方面管理好自己也是对老师的一种感谢。

设计意图：通过真情实境的对比，对学生的行为给出具体的指向，把感恩教育从小事开始落实。

环节四：**课后拓展**

教师小结：感恩老师是对老师所给予的帮助表示感激，是对他们帮助的回报。从身边做起，从我做起，这样才能学习到民族的传统美德。

拓展：制作感恩卡，把自己想要感恩的老师和寄语写在感恩卡上，并寻找适当的时机当面交给他。

教师提炼：只有关注生活，才能多多了解老师的付出，体谅老师的不易。

设计意图：课后的拓展制作能有效加强师生间的沟通，让学生明白师恩，并常常感怀于心。

"感恩学校"教学设计

（一）教育背景

《中小学德育工作指南》中指出，培养学生的责任意识就是要引导学生除了对自身负责外，还必须对他所处的集体及社会负责，正确处理与他人、集体、社会的关系，有自觉承担相应社会责任、任务和使命的意识。这些内地西藏班的初中生们在共康中学生活学习已经是第三年了。这三年来，学校为学生的健康成长创造了充足的条件，让学生们能够安心学习、快乐生活，让远在千里之外的家长放心孩子的生活、学习。与此同时，学校重视学生的思想品德教育，加强感恩教育。因为学生只有懂得感恩才会懂得付出，才会产生对自己、对集体、对社会的责任感。对毕业班的学生需要进一步引导、教育，加强学生的感恩、回报意识。本次主题教育课是号召学生寻找感恩学校措施——成立"校园小义工"，为营造一个充满阳光、激情、健康向上的和谐校园环境做出自己的努力。

（二）教育目标

（1）结合当前社会热点——志愿者、义工活动的开展，继续对学生进行感恩教育，使之懂得感恩、懂得付出、懂得回报学校。

（2）通过活动，在学生心中播下争当志愿者的种子，培养学生树立自觉承担相应社会责任、任务和使命的意识。

（三）活动准备

（1）相关案例、视频准备。

（2）制作课件。

（四）实施过程

环节一：引出课题

案例：某学校毕业班班委会组织学生开展"我用什么感恩学校"的主题大讨论。学生小A说：作为初三毕业班的学生，面临竞争激烈的中考，学习时间紧、中考压力大，只要我们认真努力学习，中考考出好分数，考上好的高中，将来考上好的大学，就是感恩母校。

问题1：你认同小A同学的说法吗？

问题2：我们还可以通过哪些行动来表达对学校的感恩？

教师提炼：我们来到上海共康中学已经是第三年了，学校为我们的健康成长创造了充足的条件，让我们接受更好的教育，培养我们各方面的能力，让远在千里之外的父母、家人对我们的生活、学习、成长非常放心。懂得感恩的我们要用实际行动回报学校、回报国家。

揭示课题：以我所能，做感恩共康人。

设计意图：引导学生思考学校为学生健康成长所创造的各种条件，进一步激发学生以实际行动感恩学校、回报学校的思想意识。

环节二：明白道理

案例：2019年的上海马拉松大赛，某学校的小B同学和家长作为志愿者参与了其中。因为交通管制，他们6：30就赶到了志愿服务的地方，和其他志愿者们一起架设帐篷，摆放面包和矿泉水，做好赛前志愿服务的准备工作。在比赛开始后，小A负责文明劝导和啦啦队工作，多次对试图进入比赛场地的人员进行劝导，同时作为啦啦队的志愿者，使劲地对参赛运动员喊加油，为运动员助威，最后嗓子都喊哑了，好多参赛运动员对他们竖起大拇指表示称赞和感谢。

问题1：你如何看待小B同学课余时间做志愿者、义工的活动？

问题2：时间是流逝的，礼物是会变旧的，作为即将毕业的学生，我们感恩母校，留给母校最好的纪念品是什么呢？

教师提炼：志愿者精神是"奉献、友爱、互助、进步"。在参与志愿服务的过程中，不仅"利他"，帮助需要帮助的人，而且"利己"，付出劳动，收获精神快乐，使自己的思想境界得到升华。作为即将毕业的我们，为母校留下一种好的行为习惯、一种精神、一种美德是感恩母校、留给母校最好的纪念品。

设计意图：通过案例，引导学生向志愿者学习，不仅在有国家大事时为社区尽自己的一份绵薄之力，更应该在校园出一份力，从做志愿者、义工的活动中思考如何感恩学校。

环节三：**体验感悟**

案例：其实我们身边的同学们身上也具有志愿者的"奉献、友爱、互助、进步"精神，一些班级组成一支支小小的志愿者队伍，有的向路人分发垃圾分类的小册子，并收集他们的承诺签名；有的在社区医院帮病患挂号缴费，以及帮患者拿号验血和取检验报告；有的在养老院进行慰老敬老服务。现在，同学的服务范围又扩展到校园内了，看：他们在打扫校园，他们在整理图书馆里的书……因为他们和大家一样，有着对母校深深的眷恋。

问题1：此时此刻的你是不是深受感染，迫切想加入到校园小义工的行列中去？你认为学校的哪些地方需要你的服务？

问题2：计划是未来行动的路线、保障。我们要为自己的小义工活动设计怎样的步骤、措施，以保证我们的活动顺利进行呢？

教师提炼：作为志愿者、义工，参加社会服务是社会主义时代精神的弘扬和体现。我们学生参加志愿者活动，做小义工是在实践中自我锻炼、培养能力的一条途径，是奉献自我、回报学校、回报社会的一种方式。

设计意图：激发学生对自己学校生活的回顾，增强为母校、低年级小同学服务的紧迫感与使命感，以实际行动感恩学校、服务学校。

环节四：**教师总结**

意大利诗人但丁曾说："一个知识不健全的人，可以用道德来弥补，而一个道德不健全的人，却难以用知识来弥补。"作为共康中学这个大家庭中的一员，同学们有着拳拳爱校之情，以及一颗懂得感恩、懂得回报的赤子之心，而这就是一种道德，一种源自我们内心的道德。今天，大家明确了感恩学校的又一种方式——做校园小义工，让我们一起为营造一个充满阳光、激情、健康向上的和谐校园环境做出自己的努力。

设计意图： 引导学生怀着一颗感恩之心，塑造学生勇于实践、无私奉献的精神，在增强学生服务意识和劳动素质方面进一步培养学生的责任意识，使"校园小义工"活动在校园落地生根、开花结果。

"感恩社会"教学设计

（一）教育背景

《中小学德育工作指南》中提到，初中学段的学生要在学会处理个人与他人、个人与集体关系的基础上，学会处理个人与国家和社会的关系。他们需要懂得如何参与和适应社会，如何成为良好的社会公民。内地藏族班初三学生在社区、街道的关心下更好地学习、生活，在即将毕业的一年里，他们要以寝室或小组为单位，学会为社区和街道做力所能及的事，以此进一步引导学生形成感恩社会的意识。

（二）教育目标

（1）通过各类媒体资料来进一步激发内地藏族班初三学生对成长过程中关心自己的社区、街道等组织的感恩之情。

（2）通过小组讨论，以走进社区、街道等形式激发内地藏族班初三学生的社会公民意识，立志做责任意识强、敢担当的民族建设栋梁。

（三）活动准备

组织班级学生分组收集初中阶段社区、街道对内地藏族班（初中）学生关心、关爱的图片、视频等影像资料。

（四）实施过程

环节一：集体暖身

教师指导：自入学以来，社区的叔叔阿姨给予了我们很多无私的关心和帮助。

问题1：社区的叔叔阿姨通过组织活动等形式走进了大家的内心。大家觉得这对你们的成长有哪些影响呢？

教师提炼：内地藏族班（初中）学生的成长离不开社区、街道的帮助，因为社区干部、街道工作人员的鼓励和关心，同学们的课余生活才会更加丰富，更加团结地学习活动。今天，就让我们做点力所能及的事情，在毕业之际回馈社会的大爱吧。

设计意图：教师点出主题，通过情境表演，让学生体验到初中成长学习中离不开社会各界如社区和街道的关爱，引导学生认识到应向社区做一些力所能及的事情为社会尽责。

环节二：力所能及，感恩社会

案例1：旦增是2012级共康中学的毕业生，他想在毕业之际为曾经关爱他的社区和街道做些事以表达自己深深的感谢。在教师的协调下，他在周末外出的时候为社区孤老提供各类生活服务。他认为，尽自己最大的努力回馈社会对内地藏族班（初中）学生的帮助和关爱是他应尽的义务。

问题：你会学习旦增这样感恩社会的方式吗？或者你有别的建议吗？

教师提炼：通过阅读案例，让内地藏族班（初中）学生体验为"他们"尽责是感恩社会的有效方式，街道、社区等在衣食住行上都充分照顾到内地藏族班（初中）学生，激发内地藏族班（初中）学生感恩党和国家联合多方力量对其无微不至的爱。

案例2：共康中学2017级（6）班与上海市风华初级中学的学生结对。三年的结对让2017级的同学们养成了良性竞争的氛围，不仅在学习上，更在思想上感恩社会结对家长提供的无偿关爱。毕业后，他们一直保持联系，念念不忘感恩之情。

问题1：社会帮助对2015级（2）班的成长重要吗？

问题2：议一议2017级同学们毕业后，可以用怎样的形式感恩社会？

教师提炼：2017级的同学们是社会对内地藏族班（初中）学生集体提供关爱和帮助的缩影。在社会的引导关爱下，内地藏族班（初中）学生更安心并在更好的环境中进行学习。内地藏族班（初中）学生要学会感恩党和国家对民族建设的决心和信心，用力所能及的感恩和行动回馈社会，向以后的学生弘扬党和国家传递给民族建设的正能量。

设计意图：通过小组讨论，进一步加深内地藏族班（初中）学生感恩社会的决心和信心，激发他们践行社会责任的行动和内驱力，为写生涯规划环节做准备。

环节三：写一写生涯规划

教师指导：根据本堂课的讨论发言，请每人写一份简短的生涯规划给未来的自己，清晰表达你的人生目标，以此感恩社会的关爱和国家的培养。

设计意图：引发学生在课后依然保有对社会感激和社会公民意识，由有声的语言到无声的文字，由表达对社会的感恩过渡到分享自己的生涯规划，这对内地藏族班（初中）学生的未来会产生很好的榜样作用。

环节四：教师总结

通过此次班会，我们感受到社会和国家对内地藏族班（初中）学生个人和集体全方位的关注和爱，我们也分享了自己的生涯规划。在未来的时光里，无论我们发展得怎样好，都不能忘记社会对我们的支持和培育，只有我们团结一心、懂得感恩并践行社会责任，我们才敢以民族建设为己任。

设计意图：引导学生再次为生命中的"他们"尽责，感恩社会和伟大祖国对内地藏族班（初中）学生的关怀，激发学生为"他们"尽责的强烈愿望。

二、团队合作课例

热爱集体共成长

教育与目标训练如下：

个人的成长与集体的发展息息相关，我们要热爱集体，与集体共成长。

教育与训练重点如下：

个人的成长与集体的发展息息相关。

教育与训练过程如下：

（一）引出课题

（1）图片展示班级入学时的集体照，让学生直观感受一年来外在的变化。

提出问题：在思想和行为方面，哪些同学变化比较大？学生们自由发言（列举了很多学生的变化）。

（2）问题引导学生思考：为什么他们会发生如此大的变化或者说是进步呢？因为我们生活在一个优秀的集体中，个人的成长离不开集体的影响。

（3）问题引导深入思考：优秀集体是怎么形成的呢？

引出课题：热爱集体共成长。

（二）明白道理

1. 情境设置，讨论明理

情境1：平平同学，虽然不是班级干部，但是他总是力所能及地为班级做事，有的同学说他热爱集体，有的同学说他多管闲事。面对不同的评价，他不以为然，他说，只有良好的集体环境才能够促进个人更好的发展，我要为集体贡献自己的一份力量。

情境2：丽丽的学习基础和学业成绩都不是班级最优秀的。但是她经常热心帮助学业成绩不如他的同学。渐渐地，她自己的成绩也有了显著的提高。她高兴地说，帮助别人成就自己。

对于上述两个事例，谈谈你的看法。

2. 体验感悟

（1）优秀班集体是怎样形成的呢？人人献出一份爱——热爱班集体要付诸行动。

（2）班级自管会八个部工作总结和经验分享。

3. 总结拓展

（1）班级全体成员集体投票评选最佳管理部门。与会校领导给最佳管理部门颁奖。

（2）一个人只有在集体中才能发挥自己的作用，一个集体因为每个人的付出才更优秀。课后请每位同学给家长写一封信，向远方的父母汇报自己在集体中的成长和收获。

集体荣誉共维护

（一）教育背景

《中小学德育工作指南》中指出，要培养学生爱党、爱国、爱人民，增强国家意识和社会责任意识。初中学段要引导学生懂得如何参与和适应社会，在服务集体和他人的过程中，培育家国情怀。

内地西藏班（初中）学生常年住校，班集体如同一个大家庭，也是一个小社会。三年的集体生活是学生参与和适应社会、培养集体精神、培育家国情怀的自然资源。藏族学生从众乐群，集体对个体的影响力极大。建设良好班集体，用优质的集体文化影响个体的言行和品质是内地西藏班（初中）建班育人的有效策略。

为了让初中阶段的学生把成人外在的引导过程转化为学生自我教育和自我认可的过程，用自己正确的认知指导自己的言行，从"别人让我这么做"转变为"我应该这么做"，我设计了一个系列的主题教育活动，包括"热爱集体共成长""集体荣誉共维护""合作学习共提高"，层层递进，旨在帮助在内地求学的藏族初中生正确认识个人与他人、个人与集体的关系，逐步形成热爱集体、尊重他人、善于合作的良好品质，从而为西藏建设做出贡献。

（二）教育目标

（1）通过对视频资料和共康中学优秀毕业生"保家卫国"英雄事迹的分析，感悟保护国家安全、科技兴国与每个公民的利益关系。

（2）创设情境，引导学生辨析，进一步深刻认识集体与个体的关系，激发自觉维护集体荣誉的道德情感。

（3）分享班集体中自觉维护集体荣誉的好人好事，用学生身边看得见的鲜活事例感染学生，启发学生思考自己应该用怎样的言行维护集体荣誉。

（4）活动拓展环节，引发学生思考，为下一次主题教育系列活动"合作学习共提高"做铺垫。我们努力以实际行动维护集体荣誉，做好本职工作（份内事）。但是，个人的力量是分散的、有限的。我们可以借助合力，通过优势互补，就能够完成许多单凭一己之力无法完成的事情，为集体做出更大的贡献。

（三）活动准备

教师准备维护集体荣誉视频资料和优秀毕业生的事迹材料。

学生讨论回顾同学间维护班集体荣誉的好人好事。

（四）实施过程

环节一：明白道理——"向英雄致敬"，说一说他们是怎样维护集体荣誉的

视频1：播放《战狼》震撼人心的精彩片段。

问题1：军人是怎样维护集体荣誉的？说说他们的可敬之处。

教师提炼：军人为保护国家尊严和荣誉，不惜流血牺牲，最后换来我们和平安宁的生活。我们需要给这些英雄以掌声，并向他们致敬。

视频2：播放国庆《科技献礼》的精彩片段。

问题2：科学家是怎样维护集体荣誉的？说说他们的可敬之处。

教师提炼：科学家践行了科研的使命感。落后就要挨打。为了祖国的强大和荣誉，科学家们默默奉献着自己的智慧和才华。他们才是我们应该追的超级巨星。

图组3：展示一组共康中学优秀毕业生的事迹照片。

问题3：学长们是怎样维护集体荣誉的？说说他们的可敬之处。

教师提炼：学长们已经走上工作岗位，他们以实际行动感恩党的智力援藏政策，保卫祖国，建设西藏。我们应该以学长为榜样。

设计意图：引导学生明白道理：国家强大，我们每个公民都会产生安全感和自豪感。大到国家，小到班级，甚至宿舍都是一个集体，个人的利益与集体息息相关，集体荣誉需要大家共同维护。

环节二：体验感悟——议一议个人与集体的关系

情境1：一名学生上课不认真学习，不接受老师批评，顶撞老师。这是这个学生的个人行为，跟集体中的他人无关。

问题1：这种思想是否正确，为什么？

教师提炼：人是环境的产物，《孟母三迁》的故事说明了环境对人的重要

作用。我们要共同营造良好的环境，对于破坏集体荣誉的行为要予以指出。

情境2：一名学生成绩非常优秀，但是不参加班级活动，也不愿意承担班级管理责任和服务班级的义务，她认为学习好不违反纪律就是好学生，学习是自己努力的结果，跟班集体无关。

问题2：这种思想是否正确，为什么？

教师提炼：一个人只有在集体中才能发挥自己，一个集体因为每个人的付出才更优秀。集体中每个成员都要积极参与活动和管理班级事务。

设计意图：通过情境辨析，进一步深刻认识集体与个体的关系，激发自觉维护集体荣誉的道德情感。我们身处集体之中，当集体强大、获得荣誉，我们为之骄傲；当集体落后、荣誉受损，我们为之惭愧、难过。这就是集体荣誉感，是心理感受。每个人都渴望生活在一个优秀的集体中，个人的成长离不开集体的影响。维护集体荣誉还要落实在行动上。

环节三：交流分享——讲一讲维护集体荣誉的感人故事

话题1：我们鸿雁2017这个大家庭组建已经502天了，这个大家庭越来越温馨和谐，蒸蒸日上，这期间一定有很多维护集体荣誉的感人故事，请大家进行分享。

话题2：班级自管会宿管部工作总结和经验分享。

话题3：听了感人的故事和经验分享，受到了启发，计划一下，接下来要为集体做哪些事？怎么做？

教师提炼：自从我们鸿雁大家庭组建以来，同学们积极维护班级荣誉，才使我们这个集体如此优秀。在温馨的集体中，同学们快乐健康地成长着，相信今后我们会做得更好。

设计意图：学生分享自己真实的故事，才能引起同学的心灵共鸣。

环节四：总结拓展

通过今天的主题活动，同学们对于维护集体荣誉的重要意义有了更深刻的理解。听了宿管部的工作总结和经验分享，想必大家都认识到维护集体荣誉还需要良好的方法。课后请各个部的部长组织讨论如何完善部门工作，使之更加科学有效。

合作学习，共同提高

教育与目标训练如下：

（1）树立合作学习的观念。

（2）懂得根据实际问题制定合作学习的方法，提高学习效率。

教育与训练重点如下：

树立合作学习观念，学会合作学习的方法。

教育与训练过程如下：

（一）引出课题

通过"分组查英语单词"的活动体验，引出课题《合作学习共提高》。

（二）明白道理

1. 什么是合作学习

（1）说一说：你觉得什么是合作学习？

提示：由几个学生组成的相互支持、提供有效意见和协助的小组，交流各自所需的信息和积累的材料，并及时提供反馈信息，对个体结论提出相互质疑的学习方式。

（2）议一议：播放视频，讨论一下，他们的学习方式是不是合作学习？

归纳要点：合作学习要有明确分工，成员间相互支持协助、相互交流分享、相互讨论质疑，共同完成目标。

2. 合作学习有什么好处

（1）说一说：合作学习有什么好处？

提示：智慧共筹，优势互补；培养合作精神，增进同学情感；培养组织、交流、交往能力；养成思辨的习惯，提高学习能力和效率。

（2）议一议：哪些情况下开展合作学习更适宜？

3. 怎样开展合作学习

提示：明确目标、合理分工、全员参与、讨论质疑、完善提升。

4. 合作学习要注意什么

与集体成员相处要融洽，树立合作意识；在自己的相关领域充分发挥个人特长；在集体整合中形成互补，相互促进；在组织讨论的时候，其他同学也表达了自己的观点，组内成员要注意倾听、思考，积极表达自己的观点，这样的讨论才能产生新的火花。

（三）体验感悟

情境体验1：

政治教师要组织一次辩论赛，辩题为"兴趣与学习哪个更重要"，你们小组该如何组织参赛呢？

情境体验2：

周末，数学教师布置了一课时的预习内容，你们小组怎样预习？

情境体验3：

周末，藏文教师布置了一个单元的复习内容，你们小组怎样复习？

（四）总结拓展

总结：许多人不太注重学习生活中的合作学习，或者只是简单地请教问题，寻找答案。合作学习分工明确，互相帮助，集中全体成员的力量，便能事半功倍。希望大家多开展合作学习，共同提高。

拓展：各小组已经初步完成了三个情境体验的合作学习活动方案，课后进一步完善，我们将在班会课上分别展示。

三、社交体育活动

社交体育是指为了完成体育活动，参与者之间必须通过语言、手势、眼神、动作等手段进行信息交流的体育活动项目。

1. 社交体育应具有的几个特征

（1）参与人数需≥2。

（2）体育活动有较复杂的规则和评判标准。

（3）参与者之间对规则、行为、结果判断等必须及时沟通交流。

（4）有合作或有竞争。

（5）在规则的约束下，规范和修正运动行为。

社交体育活动具有体育锻炼和社交活动的双重特征，不仅能够促进学生身体素质的提高，还能够在社交过程中和谐人际关系。社交体育活动为学生提供了一个心理宣泄和转移不良情绪的机会，大大降低了学生抑郁症状发生的风险。

詹勤红研究表明，相比于个人运动项目，集体运动项目对中学生同伴人际关系和自私性水平有显著改善作用。

对于常年住校的内地藏族中学生来说，班集体就是他们的家，社交体育活动能够凝聚班级学生，学会竞争意识、规则意识，有益于增强其相互信任、团结协作的合作意识，从而实现竞争与合作的共同发展，做一个敢竞争、会合作的社会人。

2. 如何组织开展班级篮球和足球运动

前期准备。在组建班级球队，开展活动之前，征求家长意见，提出运动伤害防范规则，请家长修改完善并在微信群里通过。

团队组建。球服、分组、分队、队名、队长。

活动方案。在每月一次的班内球类比赛过程中，班级自管会组织各个部各司其职，保障活动安全有序开展。首先，生活部要对班级参赛学生的身体状况进行统计，到医务室查看学生就诊记录。如有队员存在严重健康问题，坚持参赛组内扣5分；不参赛，积极参与后勤保障工作，组内加5分。这样既能保障学生的健康，又能保障全员参与。制作健康普查表。其次，体育部在参赛前做两项必要准备：每个学生都换运动服，赛前做好换服装登记工作，并制作登记表格；赛前要做好充足的身体预热，体育部专门负责写活动前预热记录。在活动结束后，生活部督促学生换预先准备的衣服，避免着凉，制作表格登记签到。所有的登记签到汇总后，如果有违纪违规行为，停赛一次。这样既可以保证健康安全，同时也让学生懂得为自己错误的行为买单，培养规则意识。

注意事项。生活部负责比赛过程中水的供应，以及比赛结束后提醒班级学生穿外套，防止着凉，比赛前提醒学生换专业运动服，比赛后换班服或者校服。体育部在组织过程中做好活动前的准备，最大限度地避免学生运动受伤。生活部负责做好受伤球员的预前工作，准备随时送医务室或者涂药水。在体育教师的帮助下，和学生网上搜索体育运动伤害的防范策略，大家学习并背诵。生活部学习意外伤害事故的急救措施。

奖惩规则。制定规章制度，对于不属于运动时间玩球不守时的，停止全班体育活动。制定全体参与的比赛规则，保证全员参与。以寝室为单位建组，开展比赛活动。在比赛过程中，寝室成员轮流上场，如有一人不上场，则扣分。

3. 我们的收获

最初，篮球运动只是作为一种游戏而存在的，娱乐性就是一种根植于篮球运动中的原始特性。完成了一周紧张的学习任务，周末是学生放松发泄的时段，有组织地开展篮球比赛活动，杜绝了校内破坏活动，有效预防了沉迷手机和网络的现象。

全员参与比赛活动，生活部、体育部通力配合，增强了合作沟通能力，女生负责后勤还有啦啦队，使男女生之间的同学关系更加融洽。

篮球运动最受学生喜爱，我们把篮球活动作为强化物。如果作业没完成，则取消一次篮球比赛活动。这样可以提高学习效率，同学们相互提醒按时完成作业。班级学生并没有因为参加足球和篮球运动而影响学业成绩，在每次考试中，班级都取得了良好的学业成绩。

学生长期在体育活动中训练出了规则意识，能够讲道理，听得进话。集体荣誉感对班集体建设有着非常重要的作用。后来学校组织篮球班班赛，尽管我班学生并不是十分专业，但每次篮球班班赛中，我班都获得了好成绩，说明学生身体素质得到了很大提升，团队合作精神得到了很大提升，班级荣获上海市红旗中队民族团结进步集体等多项殊荣。

社交性体育活动对学生领导力的发展也有重要作用，练就了一批有领导力的学生干部。在对毕业后升入高中的学生访谈中发现，他们在进入高中后，能很快融入班集体，成为班集体建设的先锋。

四、合唱公益活动

2016年6月，在共康中学红五月歌会上，初一（6）班全体同学以积极的态度、饱满的情绪赢得全校第一名。于是信心倍增，组建了"雪域骄子"合唱团。在学校的支持下，请来了专业教师进行指导。"享受音乐，享受快乐"不仅是社团的宗旨，也是社团公益活动的夙愿。

学生随笔："小百灵"合唱公益活动

曾经的我们是一群自由翱翔在雪域高原的雏鹰。来到东海之滨，我们组成了一个"目标一致，群策群力，超越自我，追求卓越"的鸿雁中队，我们的口号是"一家人、一个梦、一起拼、一定赢"。

中队组建了全体队员一个都不能少的"雪域骄子"合唱团。凭借雪域孩子特有的天籁之音，加上我们的刻苦训练，使得我们这个非专业的合唱团队在每次参赛中都获得了优异成绩。我们怀着感恩的心，经常参加公益演出。如今，"雪域骄子"合唱团在校内、校外都已小有名气了呢。

这一切的开始都源自刚入学那一年学校举办的红五月合唱比赛，我们凭借一曲《红星歌》，获得了全校第一名。于是中队辅导员吴晓云老师萌生了组建合唱团的想法。然后跟队员们一商量，一拍即合，"雪域骄子"合唱团就这样成立了。

然而训练的过程并不是一帆风顺的。

同学们喜欢唱歌，但是不喜欢枯燥乏味的练声。每周的练声练气息是合唱训练时的必然过程。辅导员教育我们：无论做什么事情，朝更高的目标迈进的过程都是化茧成蝶的过程。经过刻苦训练，第一次参加彭浦新村街道合唱比赛，我们就以一曲《美丽的村庄》荣获最佳人气奖。后来我们又参加了静安区合唱比赛，并荣获二等奖。

在合唱训练中，我们磨炼了意志，获得了奖项。但是我们总觉得似乎少了些什么，那就是对音乐的深入理解。于是辅导员老师带领我们去上海交响乐观摩专业合唱团的演唱，我们回来后很受启发，开始用心去感受音乐的内涵。在之后的每一次的训练和表演中，我们的演唱更加入心入情，我们的歌声也让听众们沉醉其中，得到快乐。从那以后，我们的生活真正有了音乐的陪伴。每一首歌仿佛融入了我们的生活一般，欢快的歌曲总在课间不约而同地响起，也总能有人自我陶醉地低吟着意境忧郁的歌曲。平日里点滴积累的对音乐的理解和情感让我们在藏历新年的学校晚会上以匈牙利语的《微风吹来》和意大利语的《加油，耶稣》又一次在全校轰动。那一刻的喜悦更促进了我们对音乐的热爱，以及对集体的自豪。之后我们又参加了大大小小的比赛，并且都获得了骄人的成绩。

我们有幸走进了上海交响乐团音乐大厅，参加上海学生新年音乐会。这次，我们不再是观众，而是演员。

在此期间，我们怀着一颗感恩的心参与了很多公益演出。比如，去彭浦街道为社区阿姨们表演、为上海市"组团式"援藏教师们表演、藏历新年为家长们表演、为上海市吴晓云工作室的学员们表演。

我们作为民族团结的使者，来到崇明中学新疆部，为内地新疆学生表演。演出获得了雷鸣般的掌声和观众的一致好评。新疆部主任听了我们的合唱，决定也要组建新疆部的合唱团。

值得一提的是，我们班的自管会主席、合唱团指挥——朵昂同学。记得第一次参加合唱比赛的时候，眼看就要到我们"雪域骄子"合唱团上台演出了，他忽然皱着眉头说要上厕所，老师知道他是紧张的，我们大家都很为他担心。而现在的他每场指挥都从容淡定，还被学校聘请为管乐团指挥，获得上海市行进管乐比赛金奖。

合唱让我们学会了坚持，让我们学会了欣赏，让我们获得了自信，让我们懂得了合作，让我们践行了感恩。

五、读万卷书活动

《光明日报》发表了邬书林（新闻出版总署副署长）的一篇名为《养成阅读习惯是一门科学》的文章，其中写道："阅读，改变了世界的面貌。源自中国的造纸术和印刷术，令文明的星火光耀世界成为一种可能。正是阅读，把这种可能化作现实，将人从被无知所驱使和奴役的境遇中解放出来。同时，阅读也丰富着人们的生命体验，超越时空的羁绊，让我们的有涯人生容纳无限可能。作为一种生活方式，阅读与个人修养相系，同样关乎民族精神的成长、国家的未来。在第六次全国国民阅读调查中，带给人希望的，不仅是国民阅读率的持续回升，更有超过六成的国民对自身阅读抱有更高的期待。"

阅读关乎国家信仰，关乎家庭幸福，关乎个人成长。一个不读书的民族是没有希望的民族；一个不读书的家庭是没有前途的家庭；一个不读书的人也是很难在社会上产生重要价值的人。可见，阅读不仅能够提高个人修养，更重要的是能够传承和振兴民族精神。

学生随笔："小书虫"读万卷书活动

书是神奇宝贝，当静夜抚卷的时候，那些读书的日子如同香粉蒸腾，迷住了双眼，像中了蛊似的，独享其乐。读书的时候，那些智慧与色彩、英明与穿透让我们的内心明净了起来。

书是如此神奇的一个法宝，让我们每一个队员爱不释手。

还记得初一的时候，每周我们最期待的就数那些阅读课了，书架上摆放着各式各类的古今中外名著，马上就能挑出自己最感兴趣的那一部"宝藏"，然后便投入其中，在知识的海洋中遨游。同学们如此认真，如同一个个"小书虫"！我们体会了陶渊明"采菊东篱下，悠然见南山"的隐居生活，领略了曹操"老骥伏枥，志在千里"的宏伟抱负，见识了保尔·柯察金对"钢铁是怎样炼成的"的完美诠释……当读完最后一页书的时候，闭上眼，似乎还能感到那些自然的文字、悠长的意蕴和清淡的情感。

中华文化博大精深，源远流长。为了增长我们的见识和提高我们的写作能力，中队特地开展了一项"美文欣赏"活动。就是按照学号一天一人轮流向同学们分享自己在课下收集到的名篇佳作及一些历史典故。队员们十分珍惜这样的机会，每次都准备得十分充分，听众队员还会根据自己的理解对文章进行精彩点评呢！这样积累下来，我们的写作水平和认知能力确实提高了很多，还陶冶了我们的情操。

初二的时候，我们提高了一个层次——举办品书会。每周一次，每次五名队员主讲，他们把自己阅读的名著以PPT的形式展示给大家，并进行自己的讲述。因为对书热爱，所以乐于分享；因为对书热爱，所以滔滔不绝。每一句心得都是源自内心深处最真实的感受。我们在阅读和分享的过程中，仿佛进入了一个个新的世界，通过文字与各种各样的人打交道。

队员们发挥妙想，共同讨论决定利用寒暑假开展课本剧表演活动。记得一次表演课本剧《变色龙》，演员们个个表情丰富，语调抑扬顿挫，简直就是书中人物的再现！他们之所以能表演得这么精彩，是因为他们对作品进行了仔细的品读，把人物形象分析得十分透彻，才赢得了称赞和掌声。

本学期，我们还开展了"每日一名言"活动。根据学号每天一名队员用自己最好的字体在白板上呈现出自己在课下收集到的励志名言，这些名言句句都意味深长，耐人寻味。我们还要求把每天的名言作为班级日志的题记，相信这样积累下来都可以整理成一本小册子了。

读书让队员们知道了天地间的很多奥秘，还有更多知识等着我们去探索。读万卷书，行万里路。书是我们最爱的宝贝，我们每个队员都是酷爱"噬"书的"小书虫"。

"群体式"
班级自主管理模式之协同育人

《中小学德育工作指南》中指出，构建社会共育机制，争取家庭、社会共同参与和支持学校德育工作。"群体式"班级自主管理模式中主要通过以下三种途径协同育人：

1. 借力学长资源，发挥榜样示范作用；
2. 协同家庭教育，形成家班共育合力；
3. 整合社会资源，丰富社会实践活动。

一、借力学长资源，发挥榜样示范作用

内地西藏班优秀学长的榜样事迹是非常宝贵的教育资源。他们有共同的内地学习生活经历，有相似的困惑和挑战。学长的学习智慧能够给予学弟学妹们有针对性的启示。因为有共性的客观实际，所以学长的成功事迹可信度高，具有可效仿性，能够给学弟学妹们积极进取的强大力量。

班主任要做一个有心人，注意留心记录、保存自己所带班级中取得的成绩和荣誉以及背后的故事；收集具有榜样激励作用的学生成长励志故事以及学生创作的优秀作品；编辑整理班级日志、班级文集。在需要的时候，召开主题班会，有针对性地讲述学长的励志故事。

往届毕业学生来看望教师时，现身说法。学长口述比教师讲述更有感染力。高中的学长介绍优质高中的情况，走进大学的学长讲述大学生活，已经参加工作的学长主要讲关键能力在工作中的作用以及初中阶段的收获和遗憾。

在中考冲刺阶段，邀请学长录制微视频，给学弟学妹们加油鼓劲。

附：

实验班"鸿雁2015"辅导员写给实验班
"鸿雁2017"学弟学妹的信

青春修炼手册
——致鸿雁2017学弟学妹们

辅导员　鸿雁2015　达瓦次仁

生命中的每一块里程碑都刻着两个字——起点。

我们未必是夜空中最亮的那颗星，但我们依然可以散发属于自己的光芒，哪怕只是一道微光，我们依然可以看见前方的路，也依然可以坚定不移地走下去。

相信自己，相信老师。

我刚到共康的时候，因为知道自己基础不好，所以有点自卑，从来不敢站在人群前面说话。后来，是吴老师发现我藏文比较好，便让我担任了班级的藏文科代表。这是我在共康的第一份职务，我有点失望，我认为老师只是为了让同学们的藏文成绩有所进步，才让我接了这份不起眼的小差事，科代表根本算不上什么"官"。起初，我认为这份差事无关紧要，只要早读完成藏文的抽背任务就行了。随着背诵作业的增加，我的任务便多了起来。早上抽背，下午出题，晚上批改。吴老师看我工作量大了，就成立了藏文学科专家组，我成了藏文学科带头人，大家齐心协力，尽职尽责。日复一日，大家的努力得到了显现，我们班的藏文成绩突飞猛进，平均分甩掉其他班好多分。看到这一幕，我非常骄傲，因为我们的努力没有白费，换来了最好的回报。虽然我们获取了一点小成就，但我们并没有因此而放松，后来我们还采取了周周测的方式来激励同学们。对待暂时成绩还不怎么理想的同学，我们专家组的人也进行了一对一抽背和辅导。就这样，我们班的藏文成绩领先优势稳固了下来。

之后我担任了班级的学习部长，虽然主管的还是藏文，但是也要管理班级全科的学习。职位越多，责任越大。我和学习部的郭辅瑛要监督同学们每天的早读课、检查同学们每天的作业完成情况、成立每个学科的专家组、分析每一次的重大考试、安排每次寒暑假的学习时间……在我们的合作之下，班级的学习风气日渐浓厚。

我在这条路上越走越远，接触的东西也越来越多。从刚开始的检查作业、抽背到后来的班会工作报告，从给同学讲课复习到公开赛课比赛，从给同班同学讲题到在全校学生面前讲解学习方法。

事实告诉我们，"群体式"自主管理的班级每一个岗位都是非常重要的，职位不分高低。每一份工作，只要你认真对待，都可以做到精致。付出与回报永远是成正比的，你踏踏实实地做好每件事，将来必定羽翼饱满，有能力飞到任何你想去的地方。

永远不要用静止和片面的眼光看待自己，也不要抱怨社会不公、机会不等，其实每个人都平等地享有出人头地的机会，就看你有没有好好把握了，正如我们班的座右铭——命运掌握在自己手里。

现在想来，如果当初没有吴老师，我就不会发现自己还有些价值可言；如果没有迈出这一步，我的成长之路又如何继续展开？

我们都要迈开的第一步就是战胜自己。

我们都要相信的一个人就是对自己负责的人。

心无旁骛，眺望远方。

赶路的人不能走马观花，更不能邯郸学步。认真欣赏沿途的风景，我们领悟到的道理便会比别人更深；那些奇异闪光的东西或许并不适合我们，或许我们不用在意别人的眼光。我们有自己的个性，也有自己的闪光点，不要因为别人而迷失了自己。"不忘初心，方得始终。"

在生活上不要攀比，不管别人买的东西有多贵，我们都不需要美慕，只要是我们爸妈买的，是他们精心挑选的，便是最好的，因为那是金钱换不来的爱。请在座的各位都不要瞧不起这份爱，甚至逼迫他们给自己买品牌，这是很愚蠢的不孝行为，不要等自己长大成熟后才为自己曾经的行为而后悔。

看到别人谈恋爱，我们不要跟风效仿，因为"不是以结婚为前提的恋爱，都是要流氓"。喜欢一个人是人之常情，但我们可以把这份感情藏在心底。我们阅历尚浅，很难把握得住。如果进一步升华，反而会弄巧成拙，坠入感情的深渊，最终害人害己。

"路漫漫其修远兮，吾将上下而求索。"一时的挫折落后算不上什么，世间所有的东西都不是一成不变的。要知道，你的努力只有认真坚守才有价值。井底之蛙，目光短浅；燕雀安知鸿鹄之志。"匹夫不可无志。"如果一个人丧失了斗志，那留着这肉体之身又有何用？

在任何时候都要记住吴老师是你们坚强的后盾！只要你做的是正确的，说得是合理的，就尽管安心地去做、去说。有任何人对你冷嘲热讽，处处针对，你都不要有半点犹豫，去找吴老师，一切都能解决。吴老师不会冤枉任何无辜受到伤害的人，也不会放过任何仗势欺人的人；不会亏待任何为班级做贡献的人，也不会放任任何玩忽职守的人。只要内心强大，谁都伤不了你。

努力！坚持！收获！
——致鸿雁2017的学弟学妹们
辅导员　鸿雁2015　白玛久美

己若无为，众言纵多何用？作为即将进入初二的你们，要面对的只会是更多的未知和挑战。从现在开始，你们要通过自己的劳动和智慧去把自己面对的问题解决掉。

初一时，初来乍到的我也和你们一样，是懵懂的，是无知的。我每天都努力地去完成老师布置的任务，去结识新的朋友。渐渐地，我的身边多了笑声，多了安慰。不得不说，对于一个人，有朋友是非常重要的，但是命运只能由自己掌控，他人无法干涉。正如吴老师所说："在这里，机会均等，命运掌握在自己手里。"

初二的到来不单单意味着学习任务的加重，更重要的是我们要学会去打理自己的生活，安排自己的学习计划，而且"群体式"自主管理模式下的班级，每个人都要在自己的岗位上履行自己应尽的义务，担当起自己该负的责任。岗位无等级，态度不同，收获不同。在初二时，我被调任为食堂管理员，其实一开始时我觉得会很容易，只是在大家用餐时管管纪律，用餐完后督促检查一下当天的值日生工作。但是做得越久，我就越感觉这项工作没那么简单：在周末的时候，吃完午饭后大家就可以自由活动，这个时候就是我这个食堂管理员最难当的时候，因为我既要管住自己不要先离开工作岗位，还要提醒、督促甚至看着当天的值日生把值日工作完成好。渐渐地，我懂得了每个岗位的人都不容易，都有自己最困难的时候，大家要换位思考，互相配合，与人方便就是与己方便。每个人都不能小看班里的每一个岗位，他们跟我们一样，总会做累的，会做腻的，这个时候就需要各个部的成员去监督、去鼓励大家坚持把任务完成好。尤其是到了初三后，岗位责任意识更加重要，因为这个时候同学们的心态都比较浮躁，自管会和各个部长要让同学们团结起来，提高工作效率，去督促同学们节省时间，快点完成任务和作业，然后根据自己的学业基础自由复习。

自主管理包括日常管理和学业管理。接下来，我谈谈学业方面的自主管理。

到了初二后，自然而然，学习任务肯定会加重。但这未必是一件坏事，比如物理。在学物理之前，你会觉得物理是一门很难的科目，但事实并非如此。我总结下来，学好物理基本上有四点：①记好每一章的公式，公式是考试最重要的东西。②记好每一章的基本内容（物理也有死记硬背的东西，最好是在理解的基础上记忆）。③物理学到最后，记的东西会有很多，要及时复习。④第四点，也是最重要的一点：不懂就问，如果你不问，那你永远都学不会。

　　说实话，初一时，我的成绩并没有现在好，自从上了初二、初三，学了物理和化学后，我的成绩嗖地上来了，我觉得自己在理科上下的功夫并没有在文科上下的那么多，但是我的理科成绩却比文科成绩好很多，因为我有一个很神奇的东西，那就是纠错本。纠错本很神奇，它不仅很方便，而且很实用，是一个事半功倍的法宝。学好物理，你们务必要学会这个技能。

　　最后，你们要好好听吴老师的话，不能让吴老师生气。不要觉得时间过得很慢，其实时间会在你们不经意间偷偷溜走，你们要从现在开始做好迎接中考的准备。还有，一两次的失败并不算什么，这只是在告诉你，你还需要更加努力。除了以上这些，还有一个比什么都重要的东西，那就是朋友，你们之间要互帮互助。看到朋友偷懒了，就提醒他；看到朋友失败了，就鼓励他。正所谓"天时不如地利，地利不如人和"，只要你们内部团结，什么样的困难都会倒在你们面前。我相信，你们一定会成为未来的一个个巨人。

你不努力，谁也给不了你想要的生活
——致鸿雁2017的学弟学妹们
辅导员　鸿雁2015　郭辅瑛

　　2015年，我来到共康中学。在此，我想给我的吴妈最真诚的致谢，为了把我们全班31个人培养成"未来的巨人"，她付出了太多太多。是她用行动告诉我们青春很贵，不能浪费，更不能挥霍，而是需要你用每时每刻的奋斗去经营。当你因考试失利或与同学发生矛盾而感到不知所措时，吴妈必然会有所发现。这时，她会给你指点迷津，你将会从中找到那个你最想要的答案。

　　我们背井离乡来到这里，就是为了克服种种困难，去成就不一样的、更好的自己。对于在座的每一个人来说，这条路都是坎坷的，你必须要心无旁骛，努力拼搏，不要去在意别人的想法和眼光，不要跟着别人的脚步。为了成功，哪怕孤身一人，都是值得的。相信吴妈，要学会跟她交流，她肯定是你初中阶段学习生活的最好导师，她会引领你走向辉煌。

初一到初二这个过渡期，对于我们的成绩上升是很重要的。在回家乡的这一个多月时间，吴妈安排我们要自学物理，因为对于那时的我们来说，这是一门全新的课程，所以每个人的起点都是一样的。如果你初一时成绩不理想，那么你就可以在物理这门学科上狠下功夫，以此来提高你的整体水平。

我的成绩也是在初一下学期到初二这个阶段有所提高的。那时理科是我的短板，我就想尽各种办法来完善。于是，卷子成了我的法宝。我几乎每两个星期都会把这段时间的测试和模拟卷拿出来，把里面的错题做一遍。记住：不是看一遍，而是用笔再重新算一遍，不会的再看自己订正过的仔细琢磨，但前提是老师上课讲的时候一定要认真完整地订正，若有不理解的，就马上向老师和同学寻求帮助。在这样的不懈努力下，我的理科成绩有了进步，虽说不上顶尖，但已稳定下来。就在一次又一次的好成绩和靠前的排名出来时，我突然不想再落后了，我只想一直保持或者再有所提高。我想这可能就是成功的喜悦，它给了我想象不到的快乐。让我觉得越努力，就会越幸运、越幸福。虽然我在有些考试中有过失误，但我并没有否认自己，而是寻找原因，重新来过。

在现在以及未来的社会中，也许成绩不是最重要的，但是如果你想过上你想要的生活，就必须拥有足够的能力。吴妈让我们班的每个同学都坚守着一个职位。职位不分大小，只要你为这个班级付出了，你就能得到尊敬、得到锻炼。而我作为班级的学习部长和语文学科带头人，责任重大。说实话，对于这两个职务，我从来没有懈怠过。我尽我所能地带领同学们去学习更多的知识，为同学们创造更好的学习气氛，督促同学们认真完成学习任务。这其中最忌讳的就是包庇同学，这不仅是对自己的不负责任，更是对同学的不负责任。既然我们的父母不在身边，那我们就要互相监督，虽然彼此会有一点不愉快，但到时候都会明白我们是为了使彼此变得更好。

在老师和同学的支持下，我参加了学校大队部文体委员的竞选活动。这并不是一件容易的事情，它不仅会影响我一阵子的学习，而且需要我去做充分的准备。我在这个过程中感受到了满满的同学情谊，几乎班上的每个人都为了我的竞选出了一份力。我站在竞选台上，无所畏惧。心想，不管竞选结果怎么样，我都很满足，我很感谢有你们——我的同学和老师，为了你们，我会拿出我最好的一面，为班级争光。最后我入选了。这段日子为我的初中生活添上了光彩夺目的一笔。文体委员这个职位让我的学习生活更加充实，它让我不再怯懦，而是变得更加大方，让我的策划组织能力得到飞快地提高。

我想对你们说：不要觉得自己还小，离中考很远，既然你们已经离开父母，并且学会了独立，那么就要对自己的一言一行负起责任，对自己的未来负责。必须时刻绷紧一根弦，为不久以后的中考做准备。虽然看起来成绩对以后的职业和工作没有大的影响，但考试是你们必须经过的独木桥，它是最公平的评判方式。梦想需要自己去努力奋斗，机会要靠自己去争取，今天的付出决定明天的收获，今天的努力决定明天的成果。命运掌握在你自己手里，而不在别人嘴里，每个人都有成功的机会，就看你给不给自己机会。在你们面前还会出现更多挑战，你们要去学习，要去努力。加油吧！

二、协同家庭教育，形成家班共育合力

尽管学校设施设备一流，尽管我们秉承"怀父母之心做教师，以朋友之心做学伴"的陪伴教育理念，24小时365天陪伴着学生，守护着学生成长。然而，再好的学校、再好的教师也无法替代家长的教育地位和作用。内地藏族班（初中）学生家长远在千里之外的雪域高原，如何把他们引导为立德树人的有生力量？

（一）信任——家班共育的基础

有人说，在教育孩子这条路上，教师和家长的相遇是一场爱心与信任的邂逅。如果教师和家长对孩子的爱找到了焦点，那么信任就会穿越时空，超越距离，凝聚成一股强大的力量，推动孩子快速健康地成长。

在我看来，这爱的焦点就是关注孩子的身心健康，着眼于孩子的终身发展。

1. 听其言，信其道

新生入学的第一次家长会，我向家长详细介绍了自己的建班育人理念和风格、班级发展目标、班级文化建设以及学生个体成长规划，特别强调了住宿制学校中，班集体对学生个体的强大影响力。

把"经营团结、自律、温馨的班集体，让每个孩子在互助、友爱的环境中

坚强、自信、幸福地成长"作为家班共育的努力方向。

2. 观其行，信其情

有了共同目标，我们建立了班级微信群，打造即时、可视、高效、共通的家班联系平台。在创建班级家长微信群初期，我每天发布孩子吃饭、出操、自习课等在校活动的照片，引导家长密切关注微信群动态。很快，查看班级微信群已经成为班级家长们掏出手机的最强动力。借力网络平台，传达了班集体建设的班情、学生成长的学情、教师对学生的关爱之情。教师的言行赢得了家长的信任，激发了家长参与班集体建设的热情。

班级成立了家委会。家委会凝聚全体家长成为良好班集体建设的智囊团，利用微信群群策群力，为班级事务出谋划策，成为班主任的坚强后盾。

比如，家委会组织购买班服。一天，孩子们说："为了凸显班级特色，我们要有自己的班服。"于是班级生活部和家委会通过电话、微信讨论商定购买班服。家长在网上选款，然后提供几款给学生选择，最后确定一款，再由生活部学生统计尺寸，家长网购。为了便于发放，家长们按尺寸分批寄到学校，家长想得多周到啊！

再比如，家班合作解决了手机管理问题。网上流行一句话："想害一个孩子，给他一部手机就够了。"住宿制学生私藏手机的现象时有发生。有的家长认为留一部手机给孩子方便联系，于是有时也会帮孩子私藏。手机问题不能强制管控，也不能放任自流，而是要引导学生合理使用。因为建班之初，我跟家长建立了良好的信任关系，所以在很多问题上很容易达成共识。班级制定手机使用公约：每周发放手机半小时，先跟家长联系，再自由使用。在规定的时间收发，不得提前，也不得拖延，更不能私藏。在家长的大力支持配合下，手机使用公约一直坚守到现在，手机的定时收发还培养了学生的契约精神。

远隔千里，有了信任，家长和教师的心连在一起。

（二）书信——亲子沟通的桥梁

我还利用手机策划了"两地书，亲子情"的"鸿雁传情"活动。学生每天利用晚自习时间5分钟写日记，向家长倾诉一天中的喜怒哀乐，记录成长足迹；家长每天下班后利用10分钟写日记，向孩子表达思念之情，鼓励孩子进步，培养孩子的感恩意识。我每周日将手机发给学生，亲子间通过手机照片传信、读信，日积月累，无论是对于孩子还是家长，都是无比珍贵的记忆。家长通过书信了解到孩子的生活情况，体察到孩子的心理和情绪，与教师主动电话、微信沟通的频率提高了。

远隔千里，鸿雁传书，家长和孩子的心连在了一起。

（三）家访——传递大爱的旅途

受条件所限，不是每个学生的家长都有条件走出高原来内地看望孩子。内地藏族班的学生在初一年级的暑期由教师护送，集体返乡过暑假。每当这个时候，我都将长途跋涉于青藏高原，到居住在西藏偏远地区的学生家里进行家访。我把孩子在内地的学习生活情况、把社会各界对藏族孩子的关心和大爱通过我的家访传递给家长们。这些家长多数是不会讲汉语的，孩子坐在旁边做翻译。在交流中，他们都流露出感恩国家、感恩社会的情感。在谈话间，他们不停地叮嘱和教育着孩子要好好学习、好好做人，将来回报社会。

远隔千里，高原家访，家长和教师的心连在了一起。

教师和家长如同一条船上的两支船桨，只有双方朝着同一个方向共同努力，才能让孩子向着美好的方向驶去。通过家班共育，班集体荣获全国民族团结进步先进集体、上海市优秀少先队中队。在优秀的集体文化浸润下，学生综合能力、核心素养、学业成绩都取得了显著提升。旦增扎西竞选为学校大队主席、学校学生工作组组长；旦增罗珍竞选为学校大队副主席，被评选为上海市少代会代表；拉巴卓玛、旦增贡吉分获上海优秀学生"君远奖"的一等奖和二等奖；永珍拉姆等四名学生连续两年荣获上海市青少年摄像比赛一等奖；旦增白姆等六名学生荣获上海市英语配音比赛二等奖和三等奖……家班共育硕果累累。

我们还要继续学习，努力创新，家班合力汇成一束光，照亮孩子未来的路。

三、整合社会资源，丰富社会实践活动

"上海也有我的家"是我校的品牌活动。我校的每个藏族学生都有一个上海结对家庭。我把班级学生结对的34个上海家庭召集起来，创建了上海家长群，组建了上海家委会。借助上海家长的资源，我们走进上海复旦大学、上海

交通大学等高等学府，引导学生做成长规划；我们走进巴斯德实验室体验DNA提取技术，感受科学的魅力；我们走进飞机制造厂，感受我国科技发展的速度，激励学生立志奋发学习。丰富多彩的社会实践活动开阔了学生的视野，使他们感受到了上海大都市的科技发展，树立起民族自信。

"上海也有我的家"民族团结系列活动

民族团结教育是内地藏族班（初中）德育教育的重要内容之一。为了把来内地求学的藏族学生培养成为坚定的爱国者、民族团结的维护者、适应未来经济社会发展的优秀人才，内地西藏班（校）始终把以爱国主义为核心的民族团结教育置于内地藏族班（初中）教育工作的首位。为了促进地区兄弟学校藏汉族学生彼此间的沟通，我们组织了"上海也有我的家"民族团结系列活动。

活动一：藏汉家庭结对

活动组织：上海市共康中学2015级（6）班、2017级（6）班班主任吴晓云。

风华初级中学德育主任洪波。

风华初级中学结对家庭家委会。

彭浦社区街道工委会。

活动对象：共康中学2017级（6）班、风华初级中学2017级代表。

活动要求：

（1）自协议签订之日起，双方正式结成藏汉联谊中队。双方的中队辅导员结成对子。辅导员间互相沟通教育内容和方法，协商策划相关联谊活动：校内交流或校外实践，指导藏汉队员之间互访。

（2）队员至少能叫出对方中队一名队员的名字，与其成为好朋友，并了解各民族风俗习惯，增进民族团结，播撒友谊的种子。

（3）双方中队委员会召开会议，互相交换信息，策划活动，交流温馨教室创建、学习方法经验。

（4）建立联谊中队档案，做好活动记录。每学期结束后，材料汇总到各自学校大队部予以评价。

（5）本协议自签字之日起生效，至毕业，双方保证遵守执行。

活动二："上海也有我的家"团队拓展活动——走进航一师

活动时间：2017年8月10日。

活动对象：共康中学2017级（6）班藏族学生。

活动地点：航一师。

活动内容：团队拓展活动。

活动简讯：

2017年8月10日，"上海也有我的家"团队拓展系列活动第二站走进航一师开展学习体验。上海市共康中学的吴晓云老师带领初二年级两个班60余名学生参观海军航空部队展览馆，了解航一师的前身与现在，英雄的历史时刻铭记在心；了解航空知识，参观飞机修理厂，介绍飞机型号、构造等，藏族同学们近距离接触"庞然大物"，感慨飞机维修工作的严谨与辛劳；带领藏族同学们走进军营、走进宿舍，现场演示叠"豆腐块"。最后，在警卫兵的带领下，展开拉练，体验了一把真实的军营生活，严明的组织纪律、精湛的军事技术、昂扬的精神风貌深深吸引着藏族同学们，使他们连连发出赞叹。本次团队拓展学习体验提高了藏族同学们的爱国情怀，增强了他们对党、祖国和解放军的感情。

活动三：干花书签，献花进博

活动时间：2019年11月24日下午1点。

活动对象：共康中学初一（4）班的同学们。

活动地点：闻喜路935弄社区。

活动内容：我为进博会献花活动。

活动简讯：

共康中学西藏班初一（4）班全体学生在班主任吴晓云的带领下，前往闻喜路935弄社区，与社区志愿者阿姨们一起开展"我为进博会献花"活动。

在活动前，教师先让同学们按照寝室进行分组，同学们落座之后，教师简单地向同学们介绍了本届进博会的信息，又采用问答的方式和同学们交流一些关于进博会的小知识。同学们纷纷举手抢答，志愿者阿姨们在一旁微笑地表扬同学们关注时事热点的好习惯。

迎合今年进博会的主题——品牌建设，海皮老师发动大家一起动脑筋，运用植物及花朵标本巧手制作书签，为自己的书签作品代言。同学们立刻从可利用的花草标本入手，挑选自己喜欢的植物标本，并用胶水将其粘在书签上；然后同学们用剪刀在透明黏膜上剪出自己书签的形状，再将黏膜粘在自己书签的正面，把所有的花朵包裹起来；最后把自己的作品放入透明塑封袋中保存。

在制作过程中，同学们都非常认真仔细，花朵摆放的位置、黏膜黏合的边缘等平时不注意的细节让同学们思考了许久，还好有教师和社区志愿者阿姨一起出手帮助同学们解答了制作过程中的疑问。最后，大家顺利地完成了创作。

时间过得很快，活动一转眼就结束了。孩子们开心地拿着自己的得意作品和教师、居委会阿姨们一起合影留念。时事热点常关注，干花书签庆进博，我们大家一起为实现中国梦而砥砺前行。

活动成果：

成果一："雪域申情"最美家庭

2019年"雪域申情"最美家庭推荐表

	藏娃姓名	旦增桑培		上海市共康中学 初三（6）班
结对学生			学校 班级	
	申娃姓名	倪泽韬		上海市风华初级中学 初三（3）班
结对家长	申爸姓名	倪圣中	联系方式	
	申妈姓名	王春霞		

今年，初三学业紧张，我们和桑培相聚的机会真的很少，回忆和藏娃在一起度过的点滴时光，弥足珍贵。两个孩子都喜欢运动，尤其是篮球。在篮球场上，休息时看着他们时而相互递一瓶水，时而轻声交谈几句，看着他们在篮球场上大汗淋漓且青春飞扬的脸庞，翩翩少年已经长大了。
在参加集体活动中，兄弟俩还是蛮会照顾对方的。在实验室里，哥儿俩互帮穿实验服的瞬间真是让我感动，看着他们时而对视一笑的刹那，男孩子之间的情谊如潺潺流水，令人欣慰。
和孩子们一起沟通交流未来的理想，桑培的理想是将来读复旦大学医学院，真心期望他能实现自己的愿望，并永远保持这份缘分

2019年"雪域申情"最美家庭推荐表

结对学生	藏娃姓名	旦增格旦	学校 班级	上海市共康中学 初三（6）班
	申娃姓名	陈旭升		上海市风华初级中学 初三（8）班
结对家长	申爸姓名	陈强	联系方式	
	申妈姓名	魏丽莉		

很庆幸学校给了我们这次对接的机会，让我们对接了旦增格旦这个聪明又懂事的孩子。在每次的家庭聚会中，他对时政和中国的历史、地理非常感兴趣。每次都会问我很多问题，我也都耐心地给他讲解，家里的两张地图成了孩子交流的桥梁，他们会把感兴趣的地方在地图上找出来并进行探讨。

孩子一天天长大，由最初的腼腆到现在的阳光自信，视野一天天开阔。在这方面，我们比较注重孩子的心理引导，告诉他努力学习的重要性，并给他提供相应的书籍，每次和孩子聚会谈话，我们都能感受到他在进步，这点让我们感觉很欣慰。他也时常关心我们，旦旦爸爸悄悄地打听到我家孩子尺寸，给孩子定制了一件藏服，孩子在得知暑假旦旦要回老家过，便悄悄地到超市买了旦旦喜欢的零食，在他出发前送到了学校。

两个孩子共同爱好是打篮球，于是我们送他们去了专业的篮球场。在球场上，他们挥汗如雨尽情释放自我，篮球技术进步得飞快。

在这个过程中，看着孩子们一天天长大，一天天成熟起来，我们发自内心地高兴

成果二：上海市风华初级中学2017级结对家长委员会荣获藏汉结对最佳组织团队奖

附：

家长委员会代表发言稿

又到了上海秋高气爽的金秋时节。就在去年的这个季节，在学校听到有共康中学和风华初级中学藏汉结对活动的信息，大家都怀着一颗民族团结、藏汉一家亲的爱心报名参加了这个活动，我们风华初级中学有30多个家庭荣幸地加入了这个新的大家庭。家委会，顾名思义就是这个大家庭的代表。首先，请允许我代表家委会向各位领导、老师、家长介绍一下家委会成员：八（3）班王一弛妈妈、八（3）班倪泽韬妈妈、八（4）班孙米伽妈妈、八（4）班徐兴洲妈

妈、八（5）班孙祺枫爸爸、八（6）班张岱年妈妈、八（7）班周籽言妈妈、八（12班）李奕婷妈妈、八（12）班陆凯悦爸爸，共9位。

由于风华初级中学是首次加入这个藏汉结对活动，因此也没有现成经验的学长可以取取经。"活动该怎么搞？我们这个礼拜可以接藏娃吗？平时要注意点什么？"很多热情的家长迫不及待地提出好多相关问题。当时恰逢元旦小长假前夕，几个热心的家长在群里讨论着趁元旦办一个全体风华初级中学结对共康（6）班的集体联谊活动，主要目的是通过第一次联谊活动的自我介绍来增进彼此的了解。正在大家为没有活动场地而发愁时，风华初级中学的领导给予初次联谊活动大力支持，不仅在假日期间给藏汉联谊会提供室内外场地，还提供了可口的午餐。家长们也各展所长，有的策划联谊节目，有的落实活动器材，有的维持现场秩序，有的负责来回接送，等等。与此同时，在共康中学吴晓云老师和风华初级中学洪波老师的推荐和指导下，家委会也由初期出谋划策的几个家长组成。在学校、老师的指导支持下，在全体结对家庭的倾心努力下，在全体小朋友的积极参与下，在家委会的组织落实下，第一次的联谊会取得了圆满的成功。

通过第一次的集体联谊活动，结对活动进入了每周一次的常规节奏。和孩子们在一起的时间总是过得飞快，转眼又到了春暖花开的季节。正好有家长反馈藏娃们有个课外任务要参观上海的名校，家委会的委员们又热情高涨起来：趁着好天气，再来一次全体藏汉同学的集体活动。说干就干，家委会成员八（3）班王一弛妈妈和八（7）班周籽言妈妈分别联系了上海两所著名的高校——复旦和交大，不仅成功预约了活动参观的场馆，还分别邀请了学院导师和资深学长专门给孩子们做校史讲解和校内向导。同时，为确保藏娃们的参观时间和返校时间，家委会在全体结对家长的支持下组织了两辆大巴，既安全又准时地完成了参观两所名校的活动。通过参观，藏汉同学们不仅了解了名校的发展历史，也进一步加强了孩子们对知识的渴望和对学习的动力。家委会在活动后还特地制作了参观花絮，给大家留下美好的回忆。

结对的第一个学年已经过去了，其间除了两次大型的集体活动，家委会还牵头组织了一些小范围的活动，比如卡拉OK、真人CS竞技等，这一系列活动的成功举办都离不开全体参与结对家庭家长的爱心支持。家长们付出的不仅是时间和精力，更重要的是家长们用自己的言行给自己的孩子们、给藏娃们树立了一个积极向上、乐观进取、团结友爱的亲身模范榜样。家委会作为学校老师和家长们的纽带，相信在今后的学习生活中，将继续发挥自身的榜样作用和组织作用，为结对活动尽心尽力。

再次感谢学校、领导、老师、同学、家长的支持和信任！

成果三：上海市共康中学"鸿雁2017"荣获民族团结进步先进集体

ༀ་ཀ་ར་ཨཱི༹འི་མི་རིགས་མཐུན་སྒྲིལ་ཡར་ཐོན་འཛིན་གྲྭ

2018年民族团结进步班级

བོད་རང་སྐྱོང་ལྗོངས་སློབ་གསོ་ཐིང་། བོད་རང་སྐྱོང་ལྗོངས་མི་རིགས་དོན་གཅོད་ཨུ་ཡོན་ལྷན་ཁང་།
西藏自治区教育厅 西藏自治区民族事务委员会
ༀ་ཀ་ར་ཨཱི༹འི་ཟླ་༡༢
二〇一八年十二月

2018年民族团结进步班级

回馈社会公益实践系列活动

活动目的：

社区是内地藏族班（初中）学生学习体验社会生活比较合适的地方。在学校所在地彭浦新村街道党工委和办事处领导的支持帮助下，通过结对活动，文化的交融、情感的交流、生活的体验、视野的开阔增进了藏汉师生、藏汉学生、学生与居民之间的了解，奠定了民族团结的基础，社区成了藏族学生学习的另一个天地。

在与社区结对的活动中，我校策划了一系列社会实践活动，给藏族学生创造了机会，使他们在感受被关怀、被爱护的同时，懂得了感恩，并以实际行动把自己的爱回馈给社会。

活动一："乐享上海"地铁志愿服务

活动对象：上海市共康中学西藏班2017级（6）班藏族学生。

活动时间：2017年7月17日下午。

活动内容："乐享上海"志愿服务。

活动简讯：

2017年7月17日下午，我们鸿雁中队利用暑假期间，开启了"上海也有我的家"项目的"乐享上海"志愿服务活动。

今天是上海三伏天的第六天，高温酷暑抵挡不住同学们的爱心涌动。冒着40摄氏度的高温，同学们步行按时来到了地铁1号线集合地点。同学们穿上了爱心志愿服务的橙色马甲，开展地铁志愿服务。通过公益行动，诚（橙）心诚（橙）意帮助他人，提高社会实践能力。

带队教师将班级同学分成三个小组，分别到共康路、彭浦新村、上海马戏城三个站点依次轮岗。同学们到达各自服务站点后，统一由站点站长进行简短的岗前培训、注意事项说明及任务分配，其中有的被分配在地铁自动售票机处，有的被分配在进出闸机口处，有的被分配在出站指引处……

当看到两名70余岁腿脚不便的老人需要乘坐扶梯，两名同学主动赶过去给予搀扶，热心帮助。

当有人不清楚如何通过自动售票机购票时，同学们仔细询问其所到站点，耐心帮其购票。

当他人询问其他线路如何乘坐时，同学们将地铁线路图指给他看，并告知正确的换乘路线……

同学们用热心和真诚为乘客送去服务，行人用微笑和称赞给予同学们肯定。地铁里有的行人驻足观望这些穿着橙色马甲的小伙伴，嘴里念道："原来他们是共康中学的同学。"被服务过的路人亦对同学们连声道谢。

同学们克服高温，在各自的岗位上精神饱满，各司其职，热情服务，形成上海地铁一条"橙色"的风景线。

"青春的列车，一直向前驶去，我们不能选择停留，但我们可以播下希望的种子，让它在我们所经之地茁壮成长，能成为一把遮天大伞，为需要的人遮挡酷暑。"同学们用感恩的心回报社会，地铁志愿服务公益之行成为三伏天里的一股清泉，清凉一夏。

活动二：彩绘新社区·圆梦艺康苑

活动对象：上海市共康中学西藏班2017级（6）班藏族学生。

活动时间：2018年4月15日。

活动地点：闸北艺康苑的中心花园。

活动内容：彩绘新社区·圆梦艺康苑。

活动简讯：

2018年4月15日，海皮家园带领着共康中学初一（6）班的藏族同学来到了闸北艺康苑的中心花园，举办主题为"彩绘新社区·圆梦艺康苑"的学生与亲子家庭互动活动。

阳光是温暖的，微风是轻柔的，同学们的心情是热烈而迫切的。时至下午1点，由李潇华老师带领的活动团队刚一走入共康中学，便引起了同学们的欢迎与簇拥，"李老师！今天又有新的活动吗？""李老师，今天活动的是我们班吗？"同学们的热情总是如此具有感染力。

今天活动的主题共分为两个部分：美化社区环境、绘制缤纷风筝。在"美化社区环境"活动中，李老师将全班同学分为三组，并给予了不同的任务。第一小组负责美化中心花园的木板道路；第二小组负责美化中心花园内所有的橡胶轮胎；第三小组负责彩绘花园内的木桩木桥。今天的活动不仅需要大家的相互协作、团队配合，更需要每位同学的脑洞大开、构思创作。在刚接到任务时，面对自己的任务对象、活动道具，每位同学都有些不知所措，大家都有着美化社区的目标，但真正到了实操环节，却又不知从何入手。此时，在一旁的李老师给予了每组同学不同的思路，号召大家头脑风暴，集思广益，在合理使用每个道具的同时，通过自己手中的画笔赋予中心花园新的外衣。须臾之间，同学们便找到了灵感，并分工协作：有的同学负责调和颜料，有的同学负责构思，有的同学负责绘画。很快，三组同学都进入了状态。

最终，每位同学都将自己心中最美好的祝愿与希望印刻在了中心花园的每一个角落。木板道路上是同学们粉刷出的钢琴键盘，同学们希望踩在黑白相间的道路上的每位居民的生活可以如音乐般美妙而动听；橡胶轮胎上有着同学们用藏语写下的美好祝福，祝愿艺康苑的每位居民幸福安康；木桩木桥上粉饰着一个又一个属于同学们自己的故事与向往，如恬静的风光、象征着优美纯洁的彼岸花，等等。

创作的灵感就如同瀑布，源头的点滴汇聚势必凝结成滔滔不绝地倾泻。同学们踊跃创作，在装扮完了中心花园的每个角落后仍意犹未尽。借此机会，我们今天的活动进入了下一个环节——绘制并放飞风筝。在有了之前的创作经验后，对于同学们而言，绘制手中的风筝可谓信手拈来。或是将自己的名字、班级的名字写在风筝上，或是画上自己喜欢的字母符号，或是涂鸦自己喜欢的动漫人物，抑或是写上各种祈福祝愿，同学们将各种美好的意愿画在风筝上，并迎着下午的和风，放飞着属于自己的美好祝福。

每每组织共康中学藏族学生的活动时，我们总是期望着时间可以流淌得慢一些，再慢一些，慢到我们有足够的回味来记录下他们的青春年华。

活动三：呵护未成年人成长，共建文明校园

活动对象：上海市共康中学西藏班2017级（6）班藏族学生。

活动时间：2019年10月15日。

活动地点：上海市共康中学。

活动内容：我在上海传递爱。

活动简讯：

2019年10月15日，"呵护未成年人成长，共建文明校园"主题活动在共康中学数字化学习中心举办，共康中学2017级（6）班全体同学和启慧学校的8位老师、27名同学参加了本次活动。本活动是"我在上海传递爱"系列的一部分。

首先，2017级（6）班的同学们献上了两首合唱《送你一对翅膀》《大鱼》，又带来了英语朗诵《妈妈最了解》，以表达对启慧学校师生们的欢迎。

接着，在2017级（6）班的藏族学生陪伴下，启慧学校的师生们来到了数字化体验中心参观。小朋友们东摸摸、西看看，充满了好奇。在老师们的引导下，他们通过亲身体验，实际感受了科技的乐趣，一个个绽开了笑容。

在本次活动中，面对台下这些特殊的孩子们，同学们用自己的方式传递温暖，感受到了"赠人玫瑰，手留余香"的快乐，也增强了尽己所能回馈社会的责任感。

探究性外出考察系列活动

活动目的：

办学实践使我们清楚地意识到，把来内地求学的藏族学生封闭在学校内，只学习书本知识是不行的，必须让他们接触社会，开阔他们的视野，使他们在社会中体验，在生活中成长，在社会实践中增强对祖国的感情，培养国家意识、公民人格和文化认同。我们预设了探究性外出考察活动的目的，并将其融入活动之中。旨在培养学生自立自强的能力，培养学生了解社会、适应社会的能力，让学生亲近自然，感受自然之美，陶冶情操，丰富学生的生活经历，提升学生的综合素质，增强学生的综合能力，以应对未来生活中的风雨挫折、艰辛坎坷、荆棘磨难，好让他们强壮起来，能够真正肩负起振兴中华民族的历史重任。

活动一："科技梦幻之旅"的暑期体验

活动对象：上海市共康中学西藏班2015级（6）班藏族学生。

活动时间：2017年7月11日上午。

活动内容："科技梦幻之旅"的暑期体验。

活动简讯：

2017年7月11日上午，这一天是美好暑假的中间点，当然也是一年中最热的一段时间，吴晓云老师带领我们初三（6）班的藏族学生来到梦幻机器人庄园，参加了"科技梦幻之旅"的暑期体验活动。

梦幻机器人庄园是国内唯一一家以机器人为主题的大型创意乐园，这里集结了中国最先进的服务机器人设备和专利项目。

进入庄园，工作人员首先为我们介绍了机器人的发展历史和有趣的故事。机器人的英文"robot"是由捷克剧作家卡尔·恰佩克（Karel Capek）在名为《罗素姆万能机器人》（*Rossum's Universal Robots*）的戏剧作品中创造的。这个词源于捷克语"robota"，意思是"苦力"。1942年，美国科幻作家艾萨克·阿西莫夫（Isaac Asimov）提出了"机器人三定律"：

（1）机器人不得伤害人类。

（2）机器人必须服从人类的命令。

（3）机器人必须保护自己。

这给机器人的研发提供了参照，同时也给机器人电影的编剧打开了脑洞，这些电影都以机器人破坏这些定律作为戏剧冲突的基本点。

在表演剧场里，我们观看了由机器人表演的舞台秀。在机器人小小创客中心，老师教我们完成了纸上电路图，我们用导线将小灯泡与电池在纸上连接，当导线与电池接触上，小灯泡就神奇地被点亮了。

通过半天的活动，我们对机器人有了更深入的认识，希望有更多的机器人被创造出来为人类服务。

活动二：藏族学生走进静安消防站

活动对象：上海市共康中学西藏班2015级（6）班藏族学生。

活动时间：2017年8月12日。

活动内容：走进静安消防站。

活动简讯：

2017年8月12日，吴晓云老师带领共康中学西藏班的30多名藏族学生来到静安消防支队闸北中队，零距离接触消防器材，学习防火知识，体验军营生活。

"快看，是消防车，好帅啊！"刚进消防站，同学们的目光就被消防车所吸引。消防战士带领学生们参观了防化服、隔热服、缓降器、液压破拆工具、空气呼吸器、金属切割机、无齿锯、起重气垫等常用的抢险救援装备器材，还介绍了各种消防车辆和器材装备的性能、用途、使用方法及在实战灭火过程中发挥的作用等。

消防战士现场演示接警场景，"接到火情，迅速穿衣、登车、出动……"短短十几秒就完成了从接警到登车，看到这一幕，孩子们发出一阵阵的掌声和惊叹声。"今天来到消防部队看到了平时看不到的消防器材装备，让我们学到了灭火逃生知识来保护自身安全，受益匪浅。"一名藏族学生激动地说，自己第一次近距离接触消防车，希望以后还有机会再次参观学习。此次体验参与的互动模式，其学习效果十分明显，不仅让学生们真正了解和掌握了消防安全知识，更让学生对消防安全有了清晰的认识。同时，让孩子们感受警营消防文化，向消防官兵学习，带动家人和朋友关注消防安全。

活动三：科学离我们并不遥远

2019年5月1日，上海共康中学初二（6）班全体同学和风华初级中学的结对伙伴们共乘一辆大巴，来到中国科学院巴斯德研究所进行社会实践活动。

巴斯德是19世纪法国一位杰出的科学家，是微生物学的奠基人，其发明了传染病预防接种法，为人类和人类饲养的家畜、家禽防治疾病做出了巨大贡献。在科学上的卓越成就使得他在整个欧洲享有很高的声誉，德国的波恩大学郑重地把名誉学位证书授予了这位赫赫有名的学者。

但是，在普法战争爆发后，德国强占了法国的领土，出于对自己祖国的深厚感情和对侵略者德国的极大憎恨，巴斯德毅然决然地把名誉学位证书退还给了波恩大学，他说："科学虽没有国界，但科学家却有自己的祖国。"这掷地有声的话语充分表达了一位科学家的爱国情怀，并因此成为一句不朽的爱国名言。

在去中国科学院巴斯德研究所的路上，同学们都兴致勃勃地谈论着，对研究所充满了好奇，对科学家巴斯德的爱国情怀无比敬仰。陆爸爸还在车上给我们讲了一些注意事项和基本的活动流程。大概经过40分钟的车程，我们就到达了目的地。

到了那里，结对家长们把我们分成了2个大组12个小组，然后我们就跟着老师去了会议室。经过讲解员哥哥幽默的讲解，我们了解到什么是细菌、什么是病毒，还了解到巴斯德曾经是一位化学家，后来因为自己的孩子死于病毒感染，这才开始研究微生物，最终成为研究微生物的鼻祖。

讲座的时间不长，结束以后，我们就去9楼和10楼进行参观。因为实验室不允许外来人进入，所以我们就在讲解员的讲解下，通过观看安全疏散图，了解了各实验室的等级和任务。

接下来就是去实验室实践的时间。我们主要做了以下两个实验：

第一，香蕉基因提取。

首先，讲解员为我们普及了DNA和基因的相关知识：DNA决定了人类及所有生物的活动行为，而成千上万的基因就是DNA的组成部分，它控制着生命体的一个特殊性状。

然后讲解员就把实验材料发给我们，我们根据讲解员的指导，将香蕉放到塑料袋里进行碾压，加水稀释，混匀后进行过滤，在过滤的液体中加入了一些酒精以后，继续搅拌，然后再次过滤。这时，我们想要的香蕉基因也就出现了，它是一种很稠密的白色液体。

当然，并不是所有的小组都一次成功，因为老师发的材料在颜色、数量和浓度上都有所不同，所以最后产生的成果也是不同的，这也让我们懂得了科学实验要有严谨的态度。通过这个实验，同学们对基因有了很形象的认识。

第二，蛋白质的提取和鉴定。

蛋白质是生命的物质基础，我们每天多多少少都会吃一些肉类、蛋类和豆类来补充身体必需的蛋白质。那蛋白质究竟长什么样子呢？在工作人员的安排下，我们穿上防护服，戴上手套，开始做实验。首先，我们在一个塑料杯中装了20毫升的牛奶，兑上一定的醋酸后搅拌均匀，直到出现了白色沉淀物，将沉淀物用纱布过滤出来，这个沉淀物便是蛋白质。

为了进一步证明这个沉淀物就是蛋白质，我们将沉淀物放入了另一个塑料杯内，然后加水溶解，再进行二次过滤，加入$0.4M NaOH$和1%的$CuSO_4$，直到产生紫色的络合物。当紫色的络合物出现时，我们都非常开心，这个实验着实有趣。

在本次活动中，我们学会了一些科学仪器的使用和实验步骤。在实验过程中，大家相互配合，这也增进了我们的团队协作能力和与上海小伙伴的感情。之所以举办这次活动，是为了培养我们的动手能力和对科学的好奇心。我们作为中学生，应不断实践，探索新知，为将来的学习打下基础。

最后，我们想对吴老师、结对家长们和今天为我们讲解的哥哥姐姐们表示感谢，感谢你们用自己的假期为我们创造了一个难得的、意义非凡的社会实践机会。

在陪伴中发现，在陪伴中激励，在陪伴中成就学生的美好未来。

每个孩子的潜能都是无限的，发掘潜能的最佳途径是活动。中科院最年轻的"80后"美女博导——徐颖研究员说："回望年少时光，并不认为自己有什么异于常人之处，只不过对物理现象多了一份好奇。"上中学时，被一节物理实验课吸引，她爱上了科学。因从事北斗系统研究，成绩卓著，故被称为"北斗女神"。

在陆会长的协调下，以及结对家委会的精心组织下，同学们来到中科院巴斯德实验室，体验酪蛋白的提取和鉴定以及DNA电泳。期盼若干年后，新一代的科学家将在这里诞生。

活动四：共康风华结对伙伴参观"上海光源"

2019年1月25日下午，我们共康中学2017级（6）班的全体同学和风华初级中学的结对伙伴们一起到上海同步辐射光源的所在地——上海应用物理研究所去参观游学。

上海同步辐射光源是我国迄今最大的重大科学工程，简称"上海光源"，于2010年1月19日在上海通过国家验收。"上海光源"是一台先进的中能第三代同步辐射装置，其性能指标在已建成的中能第三代同步辐射装置中名列前茅。

首先，我们来到了报告厅，在这里听了由研究员闫和平叔叔带来的科普讲座。在讲座中，我们了解到上海同步辐射光源在生物、医学和化学领域都有广泛的应用。

令我们印象深刻的是，同步辐射光源的应用帮助人们破解了"非典"和禽流感等疾病的治疗难题，而且现在研究员们正在利用这项技术来攻克艾滋病，让它不再是不治之症。

紧接着，我们参观了上海同步辐射光源内部实验室，当目睹了以前只从电视上看到过的实验基地，大家都非常激动。

经过一个半小时的参观，我们了解了前沿科技，认识了很多高端的仪器设备。最后，闫叔叔说："科学家并不难当，当一个小小的科学家是很容易的，如果以后你们有幸考上了科技大学，就可以在这里做实验了。你们要从小培养对科学的探究欲望，珍惜每一次的社会实践机会，好好学习，为祖国的繁荣富强做出贡献。"

"上海光源"是一种神奇之光，是一台超级显微镜，也是一把打开微观世界的钥匙。在本次活动中，我们所有人都玩得很开心，不仅学到了很多，还加深了我们和上海伙伴之间的情谊。

感谢班主任吴晓云老师、风华结对家委会的陆一会长和叔叔阿姨们为我们精心组织了这次活动，让我们的寒假生活更加丰富多彩。

班级日志——"群体式"
班级自主管理模式的多功能载体

从2005年开始，我要求并指导学生书写班级日志，直至今日，形式有所创新，书写从未间断过，成为我建班育人的一个特色。班级日志是"群体式"班级自主管理的多功能载体。

1. 班级日志为学生搭建了持久的参与平台，磨炼了道德意志。

2. 班级日志为学生营造了良好的文化氛围，引导了价值取向。

3. 班级日志为学生构建了和谐的人际关系，培养了合作精神。

4. 班级日志培养了学生观察、分析和解决问题的能力。

5. 班级日志架起了师生、生生心灵对话的桥梁。

假如你是一名学生，在毕业时手捧一本印着自己的墨汁、流淌着自己的心声、见证了自己成长足迹、凝聚着浓浓师生情意的《班级日志》合订本，你是否会感叹这个阶段的学习生活真是丰富多彩？

假如你是一名远离父母和亲人、常年住校的内地藏族班初中生，一本记载着自己从依赖到自立、从他律到自律的心路历程的《班级日志》是否能够成为你今后学校生活中激励自己的精神财富？在你将来步入社会、走上工作岗位时，偶尔翻开《班级日志》，你是否会联想到是党的民族政策给了你这个终身受益的教育机会？

从2005年开始，我要求并指导学生书写班级日志，直至今日，形式有所创新，书写从未间断过，成为我建班育人的一个特色。

由上海教育出版社出版发行的《倾听花开的声音》就是我和我的藏族学生们用心灵书写的班级日志，它从书写、完成到珍藏，给了藏族学生无法替代的美好回忆。

一、缘起——园丁的智慧真情

曾经，内地西藏班（初中）学生的学制是四年。2001年，学校开始三年制试点，把一个年级的四个班，按成绩分成两个快班、两个普通班。这一举措的目的是让有能力的学生三年毕业，尽早尽快为西藏培养人才。同时也出现了弊端：给普通班的管理带来了极大困难。2002年，我中途接的就是试点选拔后的一个普通班。众所周知，"二手班"要么是前任班主任工作调转，要么是这个班级陷入了困境。遗憾的是，我所面临的情况属于后者。幸运的是，经过全体师生的共同努力，这一届学生在中考时取得了全国内地西藏班（初中）第一名的佳绩。我们全班升学率为100%，而且有一半以上的学生升入了内地重点高中。我得到了校领导的肯定和重视。于是，又"奖励"给我一个普通班，而且又是"二手班"。对于这个班级的情况，我用一个事例来表述：

刚接班不久的一个早晨，我刚刚走进教室，数学科代表迎上来对我说："老师，我不做数学科代表了。"

"为什么？"

这时，她的眼睛湿润了："老师，我很为难：大多数同学不想写作业。如果我作业收不齐，老师那里无法交代；我要是盯着同学要作业，同学们又会说我拍老师的马屁，讨厌我。而且，那些不写作业的人也不让我们写，说'法不责众'。有几次，他们还逼我们把老师发的数学试卷都撕掉，等老师要作业时，让全部同学一口咬定老师没布置过……老师，我们远离父母和亲人，如果同学们不理我，我就没有朋友了，我会感到特别的孤独。目前我在班级的人际关系很不好。这种情绪严重地影响了我的学习。老师，求求您，别让我做数学科代表了。"

要把这样一个涣散的群体转变成一个有凝聚力的集体，不仅需要花些工夫，而且一定要倾注全部的智慧和真情。于是我尝试以班级日志为载体，促进学生自主管理和自我教育。

二、践行——见证花开的过程

班级日志是在班主任的指导下，由全班同学轮流执笔，每人一天对班级日常事务进行管理和记录，而且一定要在第二天早晨把管理记录予以公布，并做详细评价。

1. 萌动生命的花苞

班级的第一篇班级日志写于2005年10月9日，只有110个字：

今天的晚自修在人数方面除了索旺（去设计陶艺），其他全都齐了。第一节晚自修，多数同学都能够安静地做作业。只有少数人在说话，在值日班干部的提醒下都及时改正了。第二节晚自修有同学小声讨论作业题目，但并不影响到纪律方面。整体来说，今天晚自修同学们都比较认真。

这篇日志中反映出来的最要紧的问题是"不敢写"。在日志中，只是说少数人在讲闲话，但到底是谁，学生没敢明确指出。解决这个问题是转变班级风气、实施自主管理和自我教育的突破口。初中生不像小学生那样单纯，他们很在意同学之间的关系，担心因为记了违纪学生的名字而伤害同学间的友谊。

针对这种现象，我及时对学生进行了正面引导。我策划召开了一节题为"我是谁"的主题班会，抛出五个问题："我为什么来内地读书？未来社会需要怎样的人才？我怎样孝敬远方的父母？我初中毕业将去往何处？现在我要怎样历练自己？"在班会筹备阶段，我请每位学生家长给自己的孩子写了一封信，以此来表达对孩子的思念、不舍和期待。那是一节叩动学生心灵的班会课，学生们都流下了五味杂陈的热泪。我在总结时指出："初中生正处于心智尚未成熟的过渡阶段，表现为有理想、有志向，但是自控力还比较弱，需要别人的督促来加速自身成长。你们的父母不在身边，只能依靠同伴互助。你们要感谢所有提醒、督促你们的人，他们才是你们真正的'益友'。"班会课后，我把五个问题写在一大张纸上，贴在教室前面的黑板旁边，让学生们每人"五省"。学生们的变化在悄然发生着。

2005年11月25日是一个难忘的日子：班级日志中出现了违纪学生的名字。

……第二节晚自习中后部分，大德央教奥木如数学，一方面值得表扬；另一方面就要批评，那就是她应该在下课后再教。在目前晚自习纪律不好的情况下，大家要一切行动听指挥。待纪律好了以后，大家的学习状态和学习成绩也自然会好的。另外，次仁央拉、达瓦卓玛、普珍、次仁央宗还存在说说笑笑的现象，提出警告。

我在"班主任回音壁"中这样评价了当天负责记录的这名学生："感谢小旦卓。不仅记录了班级发生的问题，还落实到具体的人，以便老师及时帮助他们改正缺点、认识不足。被记录名字的同学可能会生气，但是当你们在老师的帮助下改正缺点、取得进步时，一定会感激小旦卓的。"

我还特意召开了一次10分钟的班会，表扬了这篇班级日志的记录者——小旦卓同学，并隆重宣布把这一天定为"觉醒纪念日"，鼓励同学们为了集体成员的共同进步而做敢于直言的"益友"。另外，对于那些被记名字的违纪学生，我没有在同学们面前批评、训斥，而是私下里谈心、交流、劝导，使其发自内心地认识到自己的不足。这样他们就不会记恨在班级日志上记他们名字的学生了。同学间的"情感障碍"解除了，对班级的不良现象就敢于直言不讳了。接下来的班级日志都能够比较客观地反映班级和同学们的真实情况。

由于充分调动和发挥了全体学生的主观能动性，因此班级的各个方面都取得了显著的进步。值得一提的是，我班被誉为全校唯一一个"晚自习免检班级"，班级自主管理模式基本形成，我欣喜地看到了"萌动生命的花苞"。

2. 含苞欲放的花蕾

"不敢写"的问题解决了，随之而来的问题是"不愿写"。部分学生会产生消极情绪，他们认为写班级日志是一种负担。对于这一问题，我采用了多种方法，从多个角度激励学生。例如，分析它的纪念意义和价值。解释说明每个人每月只能轮到一次，应该珍惜这难得的机会，为十年、二十年后的美好回忆留下从自己心里流淌出的最真实、最精彩、最难忘的文字。为此，每个学生都可以按照自己的风格装饰日记的页面。另外，我还不定时地把写得好的日志以隆重的气氛向全班学生宣读，并给予高度评价。这对学生的促进作用很大。同时，我也参与其中，为每篇日志写"班主任回音壁"。在2006年6月23日，我这样写道：

> 没有什么比成功更让人渴望的了。因为成功是智慧的结晶，是理想的归宿，是人生奋斗的目标，是生命价值的体现。作为一名学生，取得学业上的成功是你们最大的愿望。在此，老师建议：要磨炼意志。在这方面，班级里有许多好榜样。像益西、旦卓等是有目共睹的；尤其是格俊，他从年级倒数第六名飞跃到年级正数第二十一名，他放弃篮球、放弃电视，凭着顽强的毅力努力进取；还有色珍，她的努力程度令我心疼，但她却乐在其中。我很敬佩他们，他们个个都是我心中的偶像！

> 同学们，我们的生活充满快乐和喜悦，我们的进步带有传奇的色彩，我们的前途一定不可限量！

> 为什么有时我的脸上带着欣慰的笑容，而眼里却含着热泪，那是感动和满意的交融，那是对这个家庭中每个成员深深的爱。伙伴们，挚友们，让我们用拼搏和团结谱写更加辉煌的乐章，用手中的笔记下这永远难忘的初中最后冲刺阶段的点点滴滴……

> *永远爱着你们的班主任：吴老师*

许许多多类似的源于我内心深处的真挚的话语感动了我的藏族学生，唤醒了他们原本善良、积极向上的心。同学们不仅责任心增强了，而且自主管理能力也有了极大提高。昔日哭着要辞职的数学科代表，如今工作热情特别高，每天中午组织学生开展"中午数学加餐"。而且定期自己命题、自己阅卷，对"中午数学加餐"的效果进行检查和反馈，受到了同学们的爱戴。班级最淘气的一名学生主动要求和数学科代表同桌，以便有不懂的问题随时请教，提高数学成绩。下面是2006年8月7日的班级日志，是数学科代表的一份试卷分析：

表扬：达瓦卓玛、益西康卓，由于每天坚持做中午练习，这次取得了班级第一，以及小德白、央珍、索次、索旺、达顿等同学比以往的考试有很大的进步，望能够坚持下去，继续取得更大的进步。

批评：色珍、旦达以及个别成绩较好的学生。因为有时不做中午作业，而导致这次成绩不够理想，望能好好地反思，取得下一次的进步。

通过这次考试，明显地反映出大家不大会利用公式，并且对公式不熟悉。同时在做计算题的时候不会去检验是否正确，不够细心。后面的几道大题，有些同学以不会做为由，就空了下来。这种做法不应该采取，即便很难的题目，我们也应该以自己的想法做出一些，这样即使是错的，但是毕竟我们认真思考了。所以，做数学卷的时候不应该有空题现象。这次考试的题目的确有点难度，但仍有同学拿了高分，这就证明，只要我们不断地坚持下去，每个人都可以取得很好的成绩。

今后，我们要继续实施我班的"中午加餐"计划，希望每一位同学都能认真地做中午题目。任何人有不会的题目都可以问我，我们一定要相信自己的实力。最后，感谢大家一直以来对我科代表工作的配合与理解，望能继续支持。

一个涣散的群体已经转变成了一个有凝聚力的集体，一个个"含苞欲放的花蕾"展现在全校师生面前。

3. 完全绽放的鲜花

2006年9月，同学们进入了初三。经过全体学生讨论，决定修改班干部的职责分工。重新设立了学习部、纪律部、体育部、生活部、卫生部、宣传部等六个部，每个部聘任三名干事等职责岗位，在全班范围内进行干部竞聘。同学们根据各个岗位的任职条件，结合自己的能力，选择感兴趣的岗位，然后竞聘演说、投票选举，产生最合适的人选。通过这次改选，同学们在挑战自我的过程中获得了真正意义上的自信和快乐。我顺势推荐班长白玛达瓦为代理班主任，我自己担任班级顾问，放手而不撒手，班级完全进入了自主管理阶段。

一个和谐的集体被浓浓的师生情谊感染着、熏陶着，积极进取、拼搏向上已经成了学生们的自觉行为，班级日志成了学生发自肺腑的"教育感言"。

2006年10月25日

……十月开始，天气一下子冷了许多，早上套上两件衣服也觉得冷飕飕的。但学生们的学习气氛依然那么浓，准备着下一次月考，也是期中考试。在第一次月考中，我们已经名列第一，但我们能够在第二次、第三次考试中也能拿到第一吗？这个问题不能一下回答出来。世上没有永远的第一，是经过努力奋斗获得的。我们能够吃苦，但别人也能；我们有超出别人的能力，别人也有超出我们的能力。我们的优势在于团结，团结给了我们很多荣誉。相信在关键时刻，我们的团结总是会得以体现……

2006年12月2日

冬天来了，校园上空弥漫着严寒的气息。对于我们来说，这是我们在一起共同度过的最后一个冬天。如今，随着时间的推移，许多事情都变得很有意义。回望过去，更多的是快乐和感慨，记不起自己几时成熟、几时长大，但清晰地记得自己在这里度过的每个瞬间。这里教给我太多太多的东西，我很快乐，我很满足。我得到了吴老师最坚定的信赖，以及全体同学最真诚的支持，是你们让我看到了自己的不足，使我不断地去反思、去改变。在这三年中，我遇到过阴天，陷入过沼泽。幸运的是，有老师您陪伴我一同走过。当我上了岸，享受到阳光的温暖时，才感悟到了它带给我的是别人无法得到的东西。时光在眼前无情地飞逝，多希望晚一点到初中生活的终点，真的不愿放下这样充实、快乐、依赖的集体生活。挚友们，让我们珍惜剩下的日子，互相包容一点点，互相帮助一点点，别让友谊之花在学习竞争中枯死，就让我们奋斗，就让我们前进。我相信，在年轻的战场上，我们永远是最勇敢的士兵。

2006年12月29日

……刚才看了一下前面同学写的日记，让我感触很深，大家都说我们班是一个家，老师是我们的妈妈，也许有些人认为这是夸张，觉得只是说说而已，但我们都是真心的。别的不说，就从我们团结的程度就能看出我们的真心，33

颗心紧紧地连在一起，无法拆开。记得刚上初二时，我们班乱成一团，那时几乎每个人都没有自己的奋斗目标，每天浪费时光，完全迷失了方向，别人说我们是垃圾班，这让我们更加失去信心。突然，我们在黑暗中看到了一盏灯，为我们指导的光，我们看到了希望。老师用微笑来迎接我们，用真心去感动我们，用真情把我们从黑暗中拉过来。因为她，我们才知道了学习对我们的重要性；因为她，我们才看到了我们的前途；因为她，我们才懂得了人间最珍贵的东西是爱。现在的我们一个比一个懂事，一个比一个听话，一个比一个要强，一个比一个团结。在十年后、二十年后，我们每个人都会变，也有可能互相有些淡忘，但我相信大家都不会忘记我们的妈妈——吴晓云，一定将其铭记在心。她有点美丽，有点孩子气，有点温柔，有点疯狂……以后如果大家真的有点想不起时，怎么办？唱唱我们的班歌，你会觉得好像回到了初中美好时代。有些老师觉得很奇怪，为什么我们会有那么大的进步，有时还开玩笑地问我们："吴老师给你们吃什么药啦？"其实她什么也没有给我们吃，就是因为一个字——爱，伟大的爱！

2007年1月27日

　　……看着这个五彩斑斓、漂漂亮亮的本子，是同学们用自己最真实的心语来装饰的。正因为同学们都在用心去写，所以当我每读一篇文章，就有不同的感受可以品味。我们都希望将来毕业以后留给自己和您的回忆是永远完美的。就像老师您说的，我们这些孩子是您最值得骄傲的。我们经历过风风雨雨，那些感动过的、悲伤过的、喜悦过的瞬间都将铭刻在我们每个人的心中。日子在一天天逝去，离别的日子一天天地迫近，我忘不了您和同学们，忘不了共康中学，忘不了曾经我们叛逆的、疯狂过的瞬间，一切的一切都忘不了。感谢您，是您在我们最无助时来到我们身边，陪我们一同走过坎坷；感谢您，是您在我们最低落时，走到我们身边给予我们信心与鼓舞；感谢您为我们所做的一切。我永远也不会忘记您为我们所付出的心血和汗水。当您嘴角的笑容像花儿一样绽放时，我们为能够带给您快乐而骄傲，而自豪，您的天真、孩子气显得那么可爱，让我们也在这16岁的花季感受到了阳光般的活力，您的坚强、执着也影响着我们，但当您为我们流下眼泪时，我们在责备自己，请原谅我们当时的幼稚与无知。时间不多了，让我们珍惜彼此，用最后的时光来筑就奇迹与美好的回忆……

苏霍姆林斯基说："道德准则，只有当它们被学生自己去追求、获得和亲自体验过的时候，只有当它们变成学生独立的个人信念的时候，才能真正成为学生的财富。"班级日志正是有效地使学生在亲自参与班级管理过程中获得和体验道德准则，学生的综合素质尤其是管理能力和自律意识得到明显提高。经过有目的、有计划的班级日志制度建设，学生理性思维能力增强，且大都具有反思精神；班级凝聚力增强，师生人际关系融洽，班风、学风良好。两年来，我们分别荣获军训比赛第一名、锅庄舞比赛第一名、红五月歌会第一名、运动会团体总分第一名、晚自修免检班级，等等。在2006年度至2007年度被评为上海市红旗中队。

学生思想的转变带动了行为规范的转变，行为规范的转变带来了学习成绩的飞跃，创造了轰动全校、令全校师生惊讶的奇迹。作为普通班，我班几次的月考成绩竟然超越了快班。在2007年中考时，我班取得了全国内地西藏班（初中）第一名的优异成绩。这在西藏自治区引起了很大反响，绚丽多彩的鲜花完全绽放。

我与学生们用心书写的班级日志——《倾听花开的声音》由上海教育出版社出版。

三、思考——倾听花开的声音

书写班级日志的积极有效作用使我所任教的班级发展成为一个朝气蓬勃、健康、积极向上的优秀班集体。经过认真思考，我感悟到班级日志具有如下作用：

1. 班级日志为学生搭建了持久的参与平台，磨炼了道德意志

影响学校德育工作实效性的主要原因之一是忽略了学生道德意志方面的问题。我们常说的行知脱节现象就是道德意志缺乏所导致的。而道德意志是在活动中通过体验，逐步把道德认识上升到道德信念后才能形成的。学生们几年如一日地坚持书写班级日志，在此过程中，不断体验、思考、内化德育的认知。

这样的德育更贴近学生的生活实际，效果自然更好，这个"道德长跑"的过程磨炼了学生的道德意志。

2. 班级日志为学生营造了良好的文化氛围，引导了学生的价值取向

班级文化建设对学生的发展有着至关重要的作用。它引领班级的发展方向，潜移默化地影响着学生的行为。一个班级的精神状态、价值观念、行为方式是每一个成员共同参与和创造的，它一旦形成，便会对每个成员产生作用，使他们达到价值和行为的一致。如果学生长期在一个积极向上的班集体中学习，不仅可以提高学习的兴趣和效果，而且能陶冶一种积极的情绪和情感，练就克服困难的意志品质和蓬勃向上的精神。班级日志通过文化熏陶、价值引领来指导学生的道德思想和道德行为，在实际班集体建设中有利于班内形成良好的集体舆论。通过群体监督，使班集体健康发展。

3. 班级日志为学生构建了和谐的人际关系，培养了合作精神

班级是学生生活的重心，是知识的集散地，是人格的熏陶地，是体质的培养地，是心灵的归宿地。班级日志将全班学生的心聚集在一起，形成统一的向往和追求。

4. 班级日志培养了学生观察、分析和解决问题的能力

教育者一个极为重要的任务就是唤起学生具有情感上的敏锐性、注意力和感觉上的精细。在记录中，学生们既可以看到别人的优势，也可以看到自己的进步与不足，从而做到取人之长，补己之短，不断取得进步。鼓励学生积极为解决学习生活中和班级管理中存在的现象和问题发表见解、献言献策，切实而深入地参与班级事务。

5. 班级日志架起了师生、生生心灵对话的桥梁

教育需要对话。没有对话，就没有交流，也就没有教育。班级日志架起了师生、生生心灵对话的桥梁，通过对话，使学生感受到了平等的师生关系。只有平等的伙伴关系才能使学生全面参与班级管理、参与评价，教师和学生的认识才能统一，教育才能收到理想的效果。在日记中，学生从最初的"对晚自习的违纪现象不敢指出"到后来学生自己认为"不要为任何错误和任何事情去找借口，要勇于承担责任"，从这种转变中可以体会到平等师生关系的巨大能量。

此后，书写班级日志便成了我的习惯和带班特色。期间，为了强化班级日志的评价功能，我曾把班级日志升级为班级杂志。如今，为了张扬学生个性，培养学生的创造力，我把班级日志升级为手抄报的形式。

班级日志相关内容呈现

德育是我们这个时代的当务之急，同时又是一个千古难题。载体是德育的土壤，只有选择了合适的土壤，德育才能生根、开花、结果，才能发挥其更大的作用。班级日志是一个值得尝试的多功能德育载体。

鸿雁心声——"群体式"
班级自主管理模式的初步成效

在"群体式"班级自主管理模式下，每个学生都有锻炼的机会、展示的舞台、成长的空间。学生积极参与班集体建设，教师则用心观察，发现教育契机，精心设计活动，创设育人情境，悉心指导，为学生传道解惑。这个过程是一场师生相互成全的邂逅。下面请听"鸿雁们"的心声：

初一刚来的时候，班级里设置了八个部，老师让我们选择自己认为适合自己的岗位。我喜欢画画，于是想竞选宣传部的岗位。可是当听到有几个同学也想竞选这个岗位时，我害怕他们说我抢他们的职位，于是没有竞选这个岗位。后来老师发现了我比较擅长绘画，就把我的画放在班级园地里进行展示，听到同学们赞扬，我感到很自豪。过了一个学期，我充满信心，参加了宣传部部长的竞选，最后我竞选成功了！但是做宣传部长可没有画画那么简单，在班级办板报时，不仅要与自己班的同学交流，而且要到网上搜索资料，只有这样，才能够把板报办得更出彩。组织创办板报还不是最难的，在每次班会课上，我要到讲台上去总结我们这一周之内宣传部的情况，这对于羞涩的我来说才是最大的困难。我们部里的四个成员一起讨论总结，并把一周的情况写在纸上，我鼓起勇气，在讲台前面照稿宣读。同学们给予我热烈的掌声，在一次次的掌声中，我变得不再羞涩，后来老师要求我脱稿总结，现在我能够在全班同学面前表达自如，对宣传部这个岗位更加珍惜了。

——旦增赤列

回忆在鸿雁班的学习生活，让我发生变化的是一次次活动、一次次经验与教训的积累。初一时，作为班级的体育部成员，我经常因为纵容学生欺软怕硬而导致排队被扣分，老师多次找我谈话，帮我分析寻找问题的原因。老师说我不是能力问题，而是责任心的问题，老师让我观察班级哪个部的工作做得比较出色，让我从中寻找可以借鉴的经验。首先，我学习了纪律部的公平公正，保证以身作则，绝不滥用职权，不包庇自己的朋友。然后，我们纪律部四个成员针对问题，讨论修改补充了几条纪律部的管理细则。比如，在吃饭排队时，我们专人负责督促提醒同学快速排队；上体育课要换运动服，体育课后马上换上班服或校服，以防出汗后感冒；让女生买篮球训练服，组建班级女生篮球队。果然，我们在排队时，再也没有被扣过分，并且在每次的运动会班班赛中都取得了不错的成绩。运动会上接二连三拿下许多奖牌；学校组织的篮球班班赛，我们获得第一名；足球班班赛，我们班获得全校第二名，而这一切都离不开全班同学的团结与互相鼓励。由此，我懂得了团结的力量，以及作为班干部不能只想着自己的利益，而是要处处为班级着想。正如老师所说："帮助别人，成就自己。"

——顿珠旺杰

我小时候在家乡，并没有晕车的现象。来到上海，不知道是由于道路过于平坦，还是其他什么原因，每次乘坐客车外出活动时，我都会恶心呕吐。印象最深的一次是我们作为合唱特色班去上海音乐学院参加合唱活动，坐在客车上行驶了一段路程后，我便觉得恶心，想呕吐，很难受，于是靠着窗户小睡了一会儿，忽然听到车里响起了歌声，同学们唱着我们的班歌——《鸿雁》。他们这一首歌唱完以后，又接二连三地唱了几首。忽然，一股暖流涌上我的心头，这次不是呕吐，而是感动，我想到人生是一次次幸福的相聚，夹杂着一次次伤感的离别，我不是在最好的时光遇见了你们，而是遇见了你们，我才有了这段最好的时光。真心感谢老师们和伙伴们，因为你们使我明白天下除了父母给予我的帮助之外，你们给我的帮助不仅限于物质，更在于精神。我的晕车缓解了很多，我也跟着同学们一起唱起来、嗨起来。

——次珍

回望过去，点点滴滴小事清晰地浮现在我的脑海里，无论是欢喜的、悲伤的、愤怒的，还是令人遗憾的，都铸就了现在的我。也是这些点滴小事让我成长，我可以自豪地说："我真的长大了。"记得那第一次摘抄交流，看着别人在上面说得津津有味，下面的学生却笑得前翻后仰，我惊讶地想："那样投入地在前面演讲，不觉得丢人吗？"当时我只有这样的想法，到了我摘抄分享时，我竟然紧张得话都说不清楚，脸红红的，我觉得很糟糕，我等待的是嘲笑和尴尬，但没想到迎来的却是掌声。因为这次掌声，从此我变得越来越大胆，表现也越来越棒，从一个不自信的女孩蜕变成一个自信的女孩。在这方面，我越来越能展现最好的自己了。

——德珍

我们"鸿雁"在管理上的特色是班级里没有人没有职位，每个人都有一份属于自己的"工作"。也就是说，每个人都是班级的小干部。这样使每个同学都有责任感，都能得到锻炼。整个班级团结，凝聚一心。我也有属于我的一份工作——文艺委员。我对歌舞挺有兴趣的，但如何让同学们也有兴趣，成了我需要去探索的问题。我在小学时没有当过文艺委员，于是组织活动是我第一件要做要学的事情。初一时，我组织策划的文艺活动有很多缺点，大多是借鉴别人的方案。但是在这么多次的实践中，我渐渐发现需要有适合我们自己的方案，之后我试着自己去设计。现在通过我们文艺部，能够设计展现出越来越出色的文艺活动。我从一个没有组织能力、做事马马虎虎、总是磕磕绊绊的女生成长为一名为班级做贡献、有担当、有责任心的班级好干部。

——欧珠旺姆

初一时，我不是特别喜欢讲话，后来经过老师和同学还有朋友的帮助，我变得开朗多了。我逐渐喜欢上了说话，人际关系也变好了很多。以前我是我们班的宣传委员，我在当宣传委员时，因为公告栏、宣传栏还有板报都没有人去破坏，所以没事干。后来我调到了宿管部，到了宿管部我就马上感受到了有很多事情要干，要把每天被扣分的同学记下来并在优化大师上扣分，还有第二天要提醒同学值日和送洗衣袋。在我管理同学的时候，我也受过委屈，这时我会尽量自己去解决。不行的话，其他同学也会帮我解决。刚开始管的时候，问题比较多，后来我就越来越轻松了，这也是通过老师和同学的帮助，我才有了这么美好的结果。

——古人多吉

在我成长过程中遇到了一个特殊的集体——鸿雁2019。我在这个集体中有喜有悲，也有与同学之间的冲突。但重要的是在参与了这个集体以后，我才知道自身缺乏的东西，并且这个集体也改变了我。

刚到初一时，我很沉默内向，也不喜欢跟别人讲话，有时自己率直的性格会跟同学造成冲突，也影响了我的学习成绩。在老师、同学和这个集体的影响下，我对每一件事情的态度都发生了变化。做食堂部长的过程中，我有了很大的变化。比如，当同学们值日时，我与他们的交流次数越来越多，这时我也会认真地管理他们。当我值班时，我会觉得有一些浪费时间，于是我就养成了一个习惯——每次我值班时都会在手里拿着一本书或作业，一边背，一边督促他们值日。我对学习的态度也转变了，受到同学们的影响，我变得越来越勤奋好学了。

——索朗群宗

刚上初一时，我极其不愿意与别人交流，甚至在看到别人嘻嘻哈哈时，会产生一种厌恶感。辅导员学长问我："你怎么那么内向？"当时我并不清楚我与内向能产生多大的关系。"走马观花"是对当时的我最好的写照。

慢慢地，班主任会组织同学们在班会课上总结，活动结束时发表自己的感想，有时也会让我们复述老师所讲的话。起初想要尽力躲避这些的我在几次被点名后，慢慢地不再恐惧了。让我记忆犹新的是，那一次我们竞选班干部时需要自我介绍。为了找到合适的岗位，我决定放手一搏。努力组织好语言后，我低着头走上了台，努力控制住自己不要紧张，但是抬头看见那么多双眼睛盯着我，我的脸顿时变得通红，想着只要说完就没事了，我一口气把之前组织好的语言复述了一遍。见到下面坐着的同学鼓起了掌，我大呼一口气，紧张的心理也有所缓解，最后我竞选成功了。这使我渐渐感受到，有一个好口才能够更好地表达自己的观点。慢慢地，我上台的次数越来越多，举止也更自然了。现在能给同学们讲课的我相比于初中不敢吱声的我真是有很大的进步啊！

——嘎玛洛珠

一个人从不知道到知道、从不会到会、从不成熟到成熟，这个过程可能就是成长吧。

在近期，我的成长速度比较快。最令我难以忘怀的莫过于去年寒假的班班赛。记得那时的我对于集体活动认识不到位，当时我想，集体活动就是浪费我美好的时光。寒假嘛，自己玩就够了，踢比赛有啥意思。那时刚好嘎玛洛珠问我参不参加比赛，我立马说不参加并找了好多理由说自己心有余而力不足。第一场班赛开始了！为了班级，我也去观赛了。我看到场上同学们满脸激情，为了集体荣誉，他们挥汗如雨，看到场下的啦啦队员为了集体荣誉也满腔激情地加油助威，气势冲天。我被这个氛围感动了，我也想参加比赛了。到第二场，我厚着脸皮跟老师说我想踢，没想到老师居然爽快地答应了，让我下半场上。到了下半场，我很激动地上场了，但是我有些害怕，因为我发现对手没买秋衣，大部分穿着黑色的短袖。而我由于上次买秋衣时没买，现在只能穿自己黑色的秋衣，而其他队友都穿了蓝色秋衣。不到10分钟，裁判员把我赶了下来，说我衣服的颜色容易误传，而我也只能尴尬地下场。到了场下我有点伤心，不一会儿，其他同学帮我借了一件蓝色球衣，我兴奋地又上场参加了比赛！比赛结束后，我不断回忆在场上的每一分钟，想起比分拉回时心中的紧张，想起对手领先一分时自己的焦虑，想起我们通过配合连进三球时心中的喜悦。本来这次比赛输赢没什么事，但是大家都为集体的荣誉而努力奋斗。在这个过程中，大家都有进步。

通过这件事，我懂得了参加集体活动的重要性及在集体活动中大家互帮互助都能够进步，而不是浪费时间，甚至能够增强同学之间的友谊，于是我决定以后我要积极参加集体活动。

——土登赤列

人的一生总会经历许多坎坷和困难。有些人面对困难时会胆怯，有些人面对困难时会毫不示弱勇敢地去战胜它。其实战胜困难的过程也是成长的过程。

两年前，我来到共康中学，转眼间我已经成为一名即将面临中考的毕业生。回忆过去，回望经历，我发现自己成长了许多。在小学时，我的成绩算是比较优异的，在小学升初中考试中也取得了比较好的成绩。天真的我以为来到共康就像在小学一样，但成绩告诉我事实不是这样。第一次月考，我满怀期望等待着成绩。但结果让我灰心不已，全班33人，我考了第二十三名，相当于倒数第十一名。我很灰心，认为这不是我真正的水平，有点不服输的样子。看着周围同学灿烂的微笑，我的心不禁凉了许多。这时老师可能是看出了我的心思，先后两次找我谈心，跟我讲："你很认真，还有很大的提高空间，只要别灰心，继续努力，就一定会提升的。解决困难的最好办法就是勇敢地面对它、战胜它，让自己不怕困难，其实人最大的困难就是自己。"这句话让我明白了让自己变强大、战胜自己才是成功。于是我开始鄙视弱小的自己，认为这不是我的水平，我打败弱小的自己，开始努力超越自己。也许这些就是我成长的过程吧！成长意味着你懂得了什么道理，成长并不复杂，在小小的事件中也能看到成长的身影。

我懂得了如何打败弱小的自己、如何战胜自己，这是我成长路上摘下的最大硕果。

——德西永措

人们都说光阴似水，但在流水般的光阴里，有你们——鸿雁大家庭也就足够了。

我还记得刚来共康中学时，我并不能很好地融入这个班集体，加上青春期的叛逆心理，整个初一，我在班里没有知心朋友。当然，学习也一落千丈，成为班级的倒数第六。如果要我评价我初一的生活，那就一个字——混。到初二时吴老师正式管理班级，发现了我的不对劲，便将我叫到办公室与我谈心，这时我才意识到了自己的错误，于是开始慢慢地融入了这个大集体，也经常参加集体活动，期末的成绩相较上次期末考试年级进步了五十九名。这让我的父母十分高兴，也让我第一次认识到有个好班主任与处在一个好的班级是多么幸运。就在前几天的一个下午，我与我们班的同学刚刚参加了一个舞蹈比赛。那几天，我们一直都在为这个比赛做准备，放弃了很多中午的休息时间。后来在正式比赛时，我在舞台上跳错了一个动作，本来很害怕有人会责备，却没想到一句"没关系，别紧张"让我再一次感受到了集体的温暖。

在共康中学已经待了快两年，我发现成长只是一瞬间的事，可能是因为一个人的一句问候，也可能是一件小事或者老师一句贴心的关怀。以前我认为时间是用来享受生活的，现在我发现不抓紧学习、不锻炼能力，长大就没出息，就不能享受生活。我渐渐地懂得了什么叫合理分配时间，也懂得了什么叫越努力越幸福。

一家人、一个梦、一起拼、一定赢！

——丁增曲珍

每一次的成长都让我们惊喜，也许这些点滴成长是我们在不经意间拥有的，也许是蓄谋已久。在共康的时间转眼间只剩一年多了，时间嘀嗒嘀嗒地不停流逝。停下脚步回头看看，走过的每一条路都让我有了很大的成长。要论我的成长，我想我一定得说说我的初二生活——努力。从小学开始，我并不太相信"努力"这个词，因为小学的时候班级前十名总是那几个人。我觉得一切都是靠天赋，凭着这样的心态，我的初一就这样马马虎虎地过去了。可是到了初二后，我的学习成绩连马马虎虎的边都沾不上，几乎一直都是班级倒数第五。爸爸接到吴老师的电话也变成了家常便饭，我也成了一名"堂堂正正"的差生。其实面对这样的情况我也挺难受，可是难受归难受，我觉得努力也改变不了什么，就顺其自然吧。直到初二上学期的期末给了我一个致命的打击——倒数第三。紧接着往后的生活，我的耳边不停地回响着鼓励、加油声，仿佛全世界都看出了我的懒惰，告诉我要努力。看着身边以前和我一样在同一条起跑线上，甚至以前在我后面的人一步步地踩着我的肩走在我的前面时，我终于感受到了危机，那是我很久以来第一次早起背书。早晨5点钟的时候，宿舍走廊是一个个熟悉的身影在认真地背书，我才知道原来平时我在梦乡中时已经有那么多人在努力。随着一个月努力的积累，我也在月考中有所进步，取得了对于我来说算是不错的成绩。

努力果然不会辜负任何一个人。我想，在今后的生活中，我一定会以努力对待每一件事。

——索央

夏天，草木茂盛，绿荫成片，正是万物成长的最佳时期。看着窗外的银杏树又高了不少，让我想起了刚到共康中学的那段时间。"这孩子缺点不少，上课乱插话，坐姿不好，走起路来也弓腰驼背。"听着我们班班主任吴老师对我爸妈说的话，我想我完蛋了，刚来这儿第二天就被老师告到爸妈那儿了，一会儿我肯定会被爸妈批评。看着窗外乌云密布，把整片天都遮得灰蒙蒙的，我的心里很不自在。我从前就是这样啊，以后怎么改得过来？我心里想着，这时妈妈转向了我，我立马就准备接受批评，我没有什么委屈，因为这些确实是我的毛病。"你看老师才几天就看出你的缺点了，以后你要好好改正，听到没有？我相信你能做到。"妈妈并没有生气批评我，而是温和地对我说了这句话。正是这句话激励了我。

现在在父母、吴老师、班级同学等人的帮助和我自己的努力下，我早已彻底地改掉了这些毛病。现在的我已是一个成熟的男孩，以后一定会更加进步。

风儿，你快些吹，让窗外的银杏再长高些吧。

——仁青多吉

小升初又开始了一个新的篇章，它让我有点惊喜。当然，惊吓更是避免不了的！每当提到初中，大家的眼里总会露出期盼的眼神，当时的我并不懂为何大家会有这样的反应，步入初中后，我才明白人们为什么这么憧憬初中生活。

培养能力。说实话，在初中生活前，我根本没什么生活经验，对我来说，"自强、自立、自主、自律、自觉"都是陌生的词。刚来共康中学之前，我连怎样洗衣服、洗餐具都不会。然而，初中这个人生的转折点为我提供了一个良好的环境去自力更生。在老师呕心沥血的教导下，我终于能够自己去解决一些问题，甚至开始培养组织能力、管理能力。不得不说，这是我最大的变化，我可以不去依赖家长，可以自主地处理事情，真是让人惊喜。

克服缺点。进入初中后，我暴露出许多不足，其中令我最头疼的便是自觉学习。"不比智商比勤奋"，这已经是我们班级的口号了，而我却在离开父母的环境中迷失方向，虚度光阴，这时吴老师指出了我致命的缺点——懒！于是我开始学习如何规划时间。我制定的是早晨5：30起床，5：50背书，回教室后早读40分钟，晚上10：30睡觉，但我很快发现这不能保证我的睡眠质量，于是我又开始重新调整。就这样，我不断地克服自己的缺点。初中给我的惊喜很多，让我能一次次不断超越自己。在我看来，在我做出决定时、完善自己时才是我最大的改变！

——旦增阿旺

过去饱经的雨雪冰霜在成长路上慢慢消融。时间载着我们渐行渐远，过去的一切都将连贯成一条永不停息的溪流。在这条小溪中流过喜、流过怒、流过哀、流过乐，但最终它们汇集在一起，成就了我的成长。我要感谢那份角色，是那份角色让我懂得了什么是责任、什么是担当，这份角色在某一方面带给我的莫过于身边所有人在这方面对我无尽的教诲和唠叨。在班级中，我担任着宣传部干事这样一个角色。从始至终，我们宣传部就承受着一项巨大的压力——班级日志。一开始，我觉得这项工作对我来说简直就是小菜一碟，但万万没想到做起来却那么难，刚开始每个人都在很认真地完成自己的任务。但没几次就开始坚持不下去了。作为宣传部的一员，我们不管怎样也要提醒、督促大家坚持下去。到现在，这个问题依然是在困难中坚持。我在完成这项工作时，惊奇地发现了我的成长。我居然还会为此感觉到苦恼、着急。不过细想起来，要是以前的我肯定会对此不管不顾。这份角色很可能会改变我的人生！在剩下不多的时间里，我会尽心去履行这份角色的职责！

——杨玉珍

　　岁月把我磨炼成了钢铁，时间过得很漫长，却又过得极其平静。在初中生活里，我学会了很多，改变了很多，也成长了不少。是的，我成长了不少，父母说我变得很坚强。初一被班主任选为宿舍长时，我立马怂了，在电话中哭着向父母倾诉，但他们只说了一句话：“我们不在你身边，你要学会让自己成长，多参加集体生活，这样可以锻炼你自己。”我一下子愣在电话旁。我一直是依赖父母，自己什么都不会，被父母视为掌上明珠，我着实没有离开过“依赖”二字。但随着父母、老师的引导，我心想，只要忍一忍，三年马上就过去了，或许我真的可以让自己成长，不能让父母、老师担心。就这样，我成了314的寝室长。不得不说寝室长太辛苦了，早上要提醒值日生扫地，还要看寝室成员有没有整理好自己的东西，检查值日生有没有打扫干净，督促其他人快点；晚上还要提醒他们洗漱，上床也要督促他们整理行李柜、衣柜、抽斗、食品柜、鞋柜，寝室长真是太辛苦了。“不幸”的是，我还被选为楼道里的宿管！我连7个人都管不好，就让我管70多人，我的压力太大了。我抱怨过，也想过放弃，但是没想到，随着时间的推移，我真的成功了，我管理的宿舍在整个楼阁已经数一数二了，常常被生活老师表扬。有这样的寝室，我也常常感到自豪。当然，我也为自己感到骄傲。感谢自己没有放弃，咬牙坚持了下来，抓住了机会。成长的路上不会一直一路顺风，可能会被困难阻拦，就像我们的寝室再好也会出现问题一样。我跟我们寝室的人闹过矛盾、发过脾气，我沮丧过、失落过、哭过、抱怨过，甚至想过理直气壮地"啪"的一声关上门说"我不干了，谁爱干谁干，我才不稀罕"。但现实常常把我这些消极的想法冲垮掉了，晚上过去，早晨醒来，昨晚的气像云一样消散了，忘记昨天，今天是个新的开始，我常常这样安慰自己，就这样，幸福感和自豪感完全代替了寝室里所有的不快乐，我也得到了大家的认可。

没有什么事情是不可能成功的。只是因为我们没有尝试，没有去突破，没有去创造，我们要学会成长，要善于尝试、尝试，再尝试，只有这样，在隆冬时你会知道，在你身上有一个不可战胜的夏天。

——益西卓玛

在没来共康中学前，我虽然热爱运动也擅长运动，但就是不喜欢参与以班级为单位的比赛。到了共康中学，听说在寒暑假里有班班赛等许多班级之间的比赛，我暗自想，我绝不参加这种比赛，班级同学总会有人去的，赢了大不了开心一下就过去了，也没有什么奖励！但之后的日子里，这个班集体使我发生了转变。"鸿雁2019加油！""鸿雁2019加油！"在炽热的阳光下，同学们举着精心制作的加油牌不知疲倦地喊着。随着终场结束，一片欢声笑语又从我们班响起。我和同学们大口大口地喝着水，笑着吐槽刚才的比赛："要不是今天状态不好，分差怎么可能才这么一点！"是的，这就是使我改变的班集体。在那么久的日子里，我发现这个班级倒像是和朋友们住进了一个温馨的家。在这个家中，吴老师和我们都是主人，都是顶梁柱，都有自己的责任，也都要服从管理，自己的一举一动都有助于家的温暖。为了使这个美丽温馨的大家庭锦上添花，同学们各尽其能地在自己的岗位上一丝不苟地工作着，而在学习生活中，同学们相互鼓励、相互帮助，学习成绩也如体育成绩一样，数次获得年级第一这样骄人的成绩。我们班的文艺活动也丰富多彩，在全校是比较耀眼的。特别是这段时间，各方面的比赛我们班都名列前茅，如朗诵活动全年级第一、声乐比赛包揽前三甲、舞蹈专场全校第三、期中考试成绩年级第一，其中地理、英语、物理学科年级第一，这个集体十分团结，除了同学之间友好的氛围外，学习氛围也十分浓烈，这个集体给了我强烈的归属感。

正因为处在这样一个集体中，我改变了自己的想法，积极参加了有关班级荣誉的活动，发挥自己的特长为班级体育方面增加光彩。但是因为我的心思总放在打球上，所以学习方面经常拉班级平均分，今后我一定会听老师的话，把心思多放在学习上，不影响这个光彩亮丽的家！

——旦增晋云

人生来不是完美的，也不是什么都会的。成长不仅指身体上的成长，还包括内心的成长。也许是经过一段时间成长或某些事带给我们的感想，我们才会变得更加成熟、更加完美，从而更好地做最真实的自己。以前很多时候我在想：到底什么叫作成长？怎样才能成长？直到我来到共康中学，融入了鸿雁这个大集体，我才对"成长"这个词有了了解。刚入学的时候，我还是一个内向胆小、连话都不敢说的女孩，大概一个月后我们班要选班干部时，大家都选了自己喜欢的部门，而我没有选，于是老师就让我去了宿管部，要管理同学们每天的就寝。也就是从那时候开始，我开始融入这个集体，开始改变自己。后来我也不记得是怎么调的，总之我又被调到了食堂部。这个职位给了我更多改变自己的机会，每天的一日三餐管理食堂卫生、控制浪费，等等。虽然这里要管的事很多，可能有时会感觉到累，甚至有时有一种想退出的冲动，不过这可能是我人生的一种磨炼吧，最终我还是选择了留下来，初一一年的时间就过去了。在这一年里，我改变了许多，也成长了许多，从内向到开朗，从连话都不敢说到与别人说话越来越多。到了初二，我们班的各个部门进行了一次大的调整，我成了纪律部的一员，管理每天晚上同学们的自修纪律。有一次老师也跟我说，世上没有十全十美的人，每个人都有自己的不足之处，你只有不断地完善自己、不断地改变自己，才能成长！是啊，我刚来的时候和现在相比发生了许多改变，这些改变不仅来自我自己，还有同学的鼓励、老师的支持，让我知道了"成长"这个词，让我懂得了怎样才能让自己变得更好。

——扎西曲珍

　　我来自山南市，刚到共康中学这所学校时，看着周围陌生的环境，我会感到十分害怕。我也不认识自己班的同学，看到他们说说笑笑地玩耍，我会感到孤独与悲伤。于是我便尽可能去尝试交朋友。现在回想那时的场景，觉得当时的自己既幼稚，又好笑。从那时起，我也逐渐地有了勇气，现在才有了这么多好朋友，自己的劳动能力从那时开始也得到了锻炼。记得初一军训时，整理床铺等这些小事有时还需要辅导员的帮助。现在不仅能快速有序地整理好，还会帮助别人一起整理，这都得益于军训时教官们的训练与辅导员教给我的点点滴滴。现在，我的学习能力也有了提高。刚来到这儿时，几次考试都没考好，于是对学习开始产生了厌倦，上课也不认真听讲，就这样混了将近一年。新的学期开始了，我的爸爸妈妈来到这里，得知我的成绩不好后，生气地跟我说："你知不知道到这边学习有多不容易，你一定要认真，不要辜负我们的期望啊！"我顿时醒悟了，从那时起，我全身心投入课堂，遇到不会的就积极找老师，每门科目的成绩都有了提高，我也对学习产生了兴趣。在管理方面，我刚到这儿时是学习部的一员，负责管理同学们的早读与午休。由于不擅长管理，那时我们班的分经常会被扣，而我则是一味地记名，认为这样会解决一切问题，而不会去跟讲话的人沟通。后来老师发现了这一点，便会经常给我们开会，告诉我们如何去管理好一个班级，如何解决存在的问题，我也慢慢地懂得了"管理"一词。之后我就被调到了纪律部，这个部门可以说是管理最难的一个部门，我选择用老师教过的方法管理与解决问题。我认为这种方法很管用。之后我又调到了食堂部，主要负责同学们吃饭方面的问题。刚开始，这个部门可以说是惨不忍睹。后来经过多次失败的经验，我们掌握了许多技能。比如，一天中最忙的应该是早上吃饭时间，所以发饭时督促大家一定要集中精力。有的办法是初三辅导员教给我们的，还有很多办法是我们自己想出来的。

——加措

　　光阴似箭，岁月如梭。时光过得多快啊，一转眼，到共康中学已经两年了。虽然是短短的两年，可是在这期间我有了太大的变化，从农村来的我来说能够进入共康校门是很不容易的，且能够与鸿雁班相遇，是上天给予我最大的礼物。刚来时，我们都互不相识。而如今我们都是鸿雁之子，也是鸿雁的骄傲。生活在这个集体里，我学会了很多，获得了很多，如恩师给予我的知识本领、朋友给予我的珍贵友谊、鸿雁母亲对我无微不至的关心等，使我各方面受到了锻炼，如管理能力、学习能力等。在这过往的两年里，我印象最深刻的是初二冬季班班赛，因为经历那几场比赛后，我对集体观念有了深刻的理解。难以置信的是，我们鸿雁班足球和篮球平均成绩全校第一名。在比赛时，男生们在绿茵场上奔跑着，女生在场下加油助威，她们喊着排山倒海的口号，那声音震耳欲聋，一直鼓励着我们，陪着我们走到了最后。这才是一个完整的集体！每个人都有集体荣誉感和责任感，为鸿雁大家庭着想，默默地营造一个温馨的家庭氛围。

因为有了这样的家庭，我才有了巨大的变化，从"胆小如鼠"的我变成"胆大包天"的我，从对自己不自信的我变成如今对自己充满信心的我，从没有集体荣誉感的我到如今变成最热爱集体的我。

——格勒加措

在过去两年的初中生活中，我有了许多的变化，这些变化使我不断成长，使我不断进步，而这些变化又有着许多的过程。想想初一刚来时，我听得懂别人的话，却说不好普通话，刚开始时有些困惑，学习时也有些困难。刚开始，我的成绩排年级一百五十多名，自己也没有怎么努力过。但后来吴老师常常教育我、鼓励我多与其他同学交流，其他同学也积极帮助我。在此过程中，我得到了老师的关心与鼓励、同学的赞美和支持，自己也有了启发。我想，既然来到了上海共康中学，来到了吴老师的班级，就要利用好这个机会，使自己变得更好。从初一学期开始我就努力学说普通话，也开始学习交流和语言表达等。其间，我也发现了自己的错，于是就开始慢慢改变着，主动与别人说话，慢慢就感觉有些轻松了，同时人际关系也好了很多。从初一下学期期中以后，我开始重视自己的学习，开始努力向着成功迈进，我改变了对学习的态度，改变了学习方法。在初二上学期时，我开始进入班级前十名，我不但有了自信，也相信努力必有回报。从初二学期开始，我成了学习部的一员，虽然对学习有一些耽误，可对自己有很大的帮助，在学习能力、管理能力、语言表达能力等方面都有帮助。通过这些，我逐渐理解了吴老师要求每个人都要有自己的工作岗位的原因。我也要做好自己的工作，为班级的发展而努力。从初二下学期开始，我开始真正地学踢球，虽然这不比学习重要，但我小学就有过对它的爱好，只是没条件和机会练。现在，在自己的苦练和同学们的帮助下，我对自己充满信心，每次比赛都参加。这些只是我成长的一部分，我还有许多的进步，我也觉得未来的初三，我会有更多的进步和发展。只要努力，我对自己充满信心。

——丹增益西

　　记得在小学时，我曾经主持过几次活动，也参加过一些朗诵比赛，在演讲、朗诵等方面得到了一些锻炼。但是每当站在舞台上时，我就能很大方地进行主持，可一走下舞台，我的胆子就瞬间小了。为此我甚感烦恼，一直想要有所突破，却始终没能迈出这一步。小学时光转瞬即逝，没能参加文艺活动成了我小学最大的遗憾。面对初中生活，我也曾恐惧过，如果又是像小学那样，那该怎么办？我心中默默想着。但是到了共康中学后，我才发现自己真是多虑了。共康中学的住宿制生活为我创造了许多开展活动的机会，如春节、藏历新年的联欢晚会等，这令我非常高兴。记得我们刚到学校时的运动会开幕式，表演老师就点名让我参加了。有一次晚会我本不想唱歌，但是老师规定，每个寝室都要准备节目，再加上我是寝室长，所以更要积极参与，于是我便带着成员们一起选歌、练歌、排小品等，整个过程都非常有趣，使我体会到了参与文艺活动的快乐，最后我们也表演得很顺利。也就是从那时起，我变得开朗大方起来，也更加愿意在大家面前展示自我了，我的信心更足了。后来我尝试了许多不同的风格，比如说唱、慢歌、英文歌、现代舞、民族舞、藏歌等，这些点滴的突破无不令我成就感大增。尤其在练习英文歌时，我还学会了好多之前不会的单词，扩大了词汇量，果然艺术也能给予我们知识的礼物。原本以为自己没什么变化，但其实在鸿雁中队的每一天，我都在无形中得到许多锻炼。现在的我不管是学校还是班级内部，只要有文艺活动，没什么特殊情况的话，我就会参与，因为我知道参加这些活动不仅意味着会唱一首歌、会跳一支舞，而且意味着自己又获得了一次锻炼，又得到了一次成长。每每想起这些，我的内心都非常激动，真的由衷感谢鸿雁大家庭。

听说每个人都是一颗钻石，这一点，我着实地在鸿雁中队体会到了。我认为自己是一只来自雪域的鸟儿，在鸿雁中队的这些岁月里，我的羽翼日渐丰满，我相信未来的我将飞得更高、更远。

——德金措吉

后 记 ▶

人不能没有精神，尤其是在市场经济大潮中，精神的力量尤为可贵！

在我国，有一种任务特殊、生源特殊、学制特殊的办学模式——内地西藏班（校），其承担着为民族团结和西藏发展培养骨干力量的政治援藏任务。

我在内地西藏班班主任岗位上坚守了20年，带了9届西藏班，平均两年一届。我之所以如此"高产"，是因为其中有5届是中途（接班），有3届是同时担任2个西藏班的班主任。目前，我是毕业年级初三（6）班和起始年级初一（4）班的班主任。

倾情陪伴，用真挚的情怀诠释教育，滋养藏族学生

作为上海市共康中学西藏班的班主任，二十年来无论是寒暑假还是节假日，都始终陪伴在来自雪域高原、十二三岁的藏族孩子身边，担当着家长、朋友和教师三重角色。我在教育教学中取得的突出业绩赢得了学生家长的信赖和赞誉，在西藏班学生家长中流传着这样一句话：把孩子交给吴老师我放心啦！我也因此先后荣获了西藏自治区优秀教师，全国优秀教师，上海市首批教书育人楷模提名奖，上海市优秀园丁，上海市最美班主任，上海市育德之星，上海市为人、为师、为学先进典型等殊荣。

1. 形成独特的建班育人模式，成效显著

"无为而为"的班级"群体式"自主管理之道是我建班育人的法宝，以至

于我可以驾轻就熟地同时担任两个班的班主任。

这种班级管理模式体现了杜威和陶行知"做中学"的教育思想，公平公正地给予每个学生参与班级自主管理的机会，指导学生们在问题和试错中成长，在良好的集体氛围中自主建构，在潜移默化中从自然人向社会人过渡。在关爱和引领中，学生们的良好习惯、责任意识、规则意识初步形成，综合能力得到提升。

得益于"群体式"班级自主管理模式，我所带的每一个班级都取得了丰硕的成果，分别荣获校行为规范示范班、闸北区良好班集体、上海市红旗中队、上海市快乐中队、上海市优秀中队、全国团结进步先进班级等集体荣誉。我培养的班干部多人次被评为闸北区优秀少先队员和上海市优秀少先队员。我带领学生共同撰写的《倾听花开的声音——一个内地西藏班的日志》一书由上海教育出版社出版，真实地记录了一个问题班级转变为上海市红旗中队的心路历程。我的先进事迹在上海教育电视台、《新民晚报》和《文汇报》等媒体展播，我被评为社区十大人物。

2. 探索高效课堂减负增效，成绩突出

"减负"是当前社会的热点话题。作为一线教师，我既不随波逐流，也不吐槽，而是默默地通过"增效"来实现一定程度的"减负"。我任教的英语学科成绩在全国内地西藏班的每一次联考中始终名列前茅。在刚刚结束的初三年级全国二模联考中，我任教的英语学科成绩在全国内地西藏班46个班级中名列第一，这个骄人的成绩受益于"减负增效"。

"增效"一方面是认真备课，提高课堂效率；另一方面是耐心指导学生学习方法，更重要的是科学观察分析每个学生，最大限度地落实因材施教。教是为了不教，当学生能够自觉学习，并且形成了一套适合自己的有效的学习方法，我们教育教学的终极目标也就达成了。我常常与学生开玩笑："君子爱分，取之有道。"这其中的"道"是智力因素的训练和非智力因素的培养。

智力因素的训练：从学生刚入学时就开展活动，训练学生的注意力、记忆力以及阅读能力。

非智力因素的培养：训练学生养成每天整理学习必备品的习惯、认真记笔记的习惯、作业字迹工整的习惯、定期梳理知识的习惯、科学利用纠错本的习惯，等等。

潜心钻研，用执着的探索感悟教育，馈赠藏族学生

一线教师往往有一种错觉，认为科研是高不可攀的，是需要专业人员去做的事。还有一些经验型的教师甚至认为一线教师搞科研是"不务正业"，把精力放在刷题、补课、抓差生方面才是踏踏实实的爱岗敬业。

在科研实践中，我深深体会到"磨刀不误砍柴工"的道理，科研是破解教育教学问题的有效途径。科研并不是高不可攀的，一线教师有着得天独厚的优势资源，教育教学中的困惑和瓶颈问题都可以作为研究的主题。如果我们养成了研究的习惯，进入研究状态，就会觉得每一天都是新鲜的，就不会产生职业倦怠。

在开展班级自主管理初期，我进行了《内地西藏班班干部的培养》《内地西藏班预备年级学生习惯养成教育》的实践研究。

在研究过程中我发现，活动是班级自主管理的"催化剂""润滑剂"。于是在2011年，我申请的"内地西藏班德育活动实效性的研究"课题被立项为西藏自治区"十二五"规划重点课题，其总结归纳了七个系列的德育活动，在实践中取得了令人满意的效果。2014年，课题顺利结题。

在研究和实践中，我发现，传统的自主管理模式限制了学生和老师的发展，于是我开始思考如何进一步将其完善。2016年，我申请的"内地西藏班'群体式'自主管理模式的实践研究"课题被立项为西藏自治区"十三五"规划课题。

其间，我同时担任两个班的班主任、英语学科教师，还担任上海市中小学班主任带头人工作室主持人，参加各种培训交流活动，可谓事务繁忙。在此情况下，建班育人和学科教学成绩获得双丰收的事实证明了"群体式"班级自主管理模式的实效性。

感谢学校和区教育局的精心培养，使我走上了做研究型教师的专业化发展之路，成长为全国内地西藏班骨干教师，闸北区骨干教师，上海市十佳班主任，静安区德育学科带头人，上海市第三期、第四期班主任带头人吴晓云工作室主持人，受聘为上海师范大学师范生"德育实践创新基地"导师。

示范辐射，怀感恩之心交流分享，普惠藏族学生

怀着感恩之心，在认真出色地完成本职工作的同时，我积极发挥骨干教师的示范辐射作用，尽自己微薄之力，带动班主任专业化发展，惠及更多的学生。

1. 认真开展教师培训活动

作为上海市班主任带头人工作室主持人，我精心创建优秀班主任互助成长共同体，在专家的引领下，我与学员迅速成长：徐洁岚荣获上海市五一劳动奖章、上海市班主任基本功大赛一等奖，晋升为中学高级教师；汪珏、徐锦锦荣获上海市园丁奖；包菲娜荣获上海市十佳班主任，晋升为中学高级教师；王欣所带班级荣获上海市红旗中队，晋升为高级教师；沈敏峰所带班级荣获静安区动感中队。

2. 积极参加公益支教活动

作为静安区德育学科带头人，我积极参加公益支教活动，不仅与本区、本市的班主任交流研讨，还先后对四川、贵州、浙江、湖北和大连等地的骨干班主任开展培训研修活动。

3. 应邀承担对口援藏任务

应上海市师资培训中心的邀请，我承担了"西藏日喀则影子跟岗培训项目"的授课任务。应上海市教委的邀请，对第一期、第二期和第三期"上海市组团式援藏教师"进行岗前培训。2018年7月，作为上海师资培训中心调研组成员，我赴西藏日喀则开展为期七天的"组团式援藏项目的跟踪指导及调研活动"。其间，我对来自日喀则小学、初中、高中的骨干班主任和德育工作者开展了讲座。我还阶段性承担西藏堆龙德庆区中学的班主任专业化发展定期指导

及骨干班主任跟岗培训工作。

做教师最骄傲的事是培养出让自己崇拜的学生。如今，我中途接班的几届学生已经走上了工作岗位。他们中有的当上了村镇书记，造福一方百姓；有的在中印边防哨所担任主管领导，保家卫国；有的成为纪录片导演，作品在英国和加拿大获奖。每当他们来上海周边开会或休假时，都会来看望我。当聊起初中生活时，毕业于昆明陆军学院、现在已是连长的白玛达瓦深情地说："谢谢您当年对我们不离不弃的陪伴，您用爱改变了我们的思想，我们用思想不断修正着自己的行为，跟您一起度过的中学时光是令我最难忘的。"我的学生在雪域高原绽放光彩！

做研究型教师是我始终乐此不疲地坚守在教育教学一线的内在动力。"希望自己的孩子能够遇到怎样的老师，自己就努力成为这样的老师"是我教师职业生涯的座右铭。我将继续坚守自己的教育理想和信念，在民族教育的路上执着前行，踏踏实实地践行着光荣而艰巨的教育使命！